中公文庫

密教とはなにか

宇宙と人間

中央公論新社

目次

密教とはなにか　宇宙と人間

密教とはなにか

密教の定義づけ

「密教とはなにか」という題でお話することになりましたが、密教とはなにかということを一言で言ってくれ、とよく質問されて困っております。そういうときには、「一言で言えないのが密教というものの定義だ」と、こういうふうに言っているわけです。と申しますのは、密教というのはいろいろな要素が集まっているものですから、全体を見ていただかなければ密教とはなにかということは言えないのです。

ちょうど家を建てるときには、材木とか、レンガとか、壁土とか、天井板とか、あるいは屋根とかいろいろなものが寄り集まって一つの家ができ上がります。壁土だけが家でもなければ、また材木だけが家でもありません。同じように、やはり密教というのも、いろいろな要素が寄り集まってできていますから、その要素の一つ一つを取り上げて、それだけでこれは密教だと言うと、どこか行き過ぎになるおそれがあります。

もう四、五年前のことになりましょうか、テレビでよくはやりました、スプーンをエイヤッと気合をかけて飛ばして曲げて、あれが密教だと、こういうふうに言われたこともございます。あるいは長年にわたって行をしている行者が気合をかけてパッと跳び上がる。あれが密教だと、そんなふうに紹介されたりもしました。

ところが、それぞれはたしかに密教の要素ではあるのですけれども、これだけが密教だと言われると困ります。要素の一つではあるけれども、それだけがすべてではありません。何よりも全体を見ていただきたいのです。

それからもう一つは、このごろの世の中というのは皆そうなんですけれども、一言で言えとか、あるいはちょっと端折《はしょ》ってというように、イージーな傾向が強いようです。ところが、密教の性格はまさにそういったことの反対ですから、一言でというわけにはいかないように私には思われます。

ただ、密教というと、非常に幅があって、広い意味では、世界中の宗教の原初的な形は全部密教だと言ってもいいと思います。ところが、それをここで取り上げるのは、話が散漫になるものですから、そのなかの仏教における密教というふうに限定させていただきます。世界の秘教的なもの、エソーテリックなものがすべて密教だということではなくて、仏教のなかのエソーテリックなものということに、まず主題を限らせていただきたいのです。

われわれ日本人は、やはり日本に伝わっている密教に基本を置くとすれば、仏教のなかの秘教的なものという形に限定してお話するのが一番妥当ではないか、こういうふうに思うわけでございます。

密教とはなにかということはなかなか定義がしにくいと申し上げましたけれども、では、密教というのはまったく定義できないかというと、そうではありません。はっきりした定義を与えている場合があるわけです。それはなにか。弘法大師・空海の定義であります。

弘法大師は日本に密教を持ち帰りまして、教判《きょうはん》――これは中国でたいへん盛んになったものでありますけれども、新しい教えが、従来の教えに対してどういう特徴があるかということを述べるのを教判と申します――弘法大師が密教を中国から日本に持って帰ってきましたときに、この中国でおこった教判にならって、それまでの仏教、いわゆる奈良仏教とか、比叡山の天台宗に対しまして、自分が持ち帰った密教が一体どういう特徴があるかということを外に向かって宣言いたしました。これは、密教に基づいた思想なり儀礼なりを日本に定着させるためには必要なことでした。

大師の「教判論」のなかの一つに『弁顕密二教論《べんけんみつにきょうろん》』というのがあります。そのほか弘法大師が中国へ留学して帰ってまいりましたときに、一番最初に書いた『請来《しょうらい》目録《もくろく》』もその内容の一部は「教判論」に入ります。真言宗のなかでは「御」をつけまして『御請来目録』と申しておりますが、これは朝廷に提出したいわゆる上表文であります。

この上表文のなかで、密教が従来の教えに対してどういう特徴を持っているかということも書いているわけです。つまり奈良の各宗の人たちに対しても、自分が持って帰ってきた密教というものの特徴を理論的にはっきりさせる。そういった意味で、主要な著作としては『請来目録』に続いて、先に述べました『弁顕密二教論』があります。

これは、顕と密との二つの教えを弁ずる論という意味であります。要するに、全仏教を顕教《けんぎょう》と密教、この二つに分ける。そして、密教が顕教に対してどういう特徴があるかということがこのなかに書かれております。これによりますと、四つないし五つの点で、顕教に対して、自分が持って帰った密教はすばらしい特徴があるんだということを申しております。

こういうように顕と密とを二つに分けて、顕教に対する密教の特徴を述べたのは、弘法大師・空海が初めてですが、チベットでもこういった教判がありまして、十五世紀になりますと、ツォンカパという有名な学僧が、やはり顕と密とを区別して論じております。顕教に対する密教、一般の仏教に対する密教が、一体どういう特徴があるかという問題の立て方は、日本あるいはチベットにおいてすでにできているわけです。

ところが、その生まれ故郷のインドとか、あるいはそれを受け継いだ中国では、こういうふうな顕教に対する密教の特徴をことさら取り立てて論じた書物はありません。教判論はもともと中国でおこったと申しましたけれども、中国で出来たにもかかわらず、中国では顕と密とを分けるような論はおこらなかった。なぜかと申しますと、密教を中心として一つのセクトができたというのは、インドではありません。中国でもそうです。しかるに、密教が一つの宗派として成り立ったのは日本とチベットです。こういう歴史的な事情も多分に影響しているわけであります。

逆に申しますと、インドとか中国、特にインドでは、密教だけを取り上げて、その他の仏教に対してどういう特徴があるかというような論を立てる必要はなかったからだと思われます。インドでは、密教は大乗仏教の一環であったということです。仏教のなかの一つとして密教があったということですから、密教の特徴はなかなかつかみ出しにくいということになります。

たとえば、弘法大師が著した『弁顕密二教論』のなかには、顕教に対する密教の特徴が四点ほど挙げられています。一つは、即身成仏《そくしんじょうぶつ》です。それから、法身説法《ほっしんせっぽう》、果分可説《ぶんかせつ》、教益《きょうやく》の卓越《たくえつ》、こういった四つの点で、従来の奈良や天台の仏教に対して密教は特徴があるんだということが述べられています。ところが、こういった問題の立て方は、インドの密教のなかにはありません。こうした主張は空海のオリジナルな考え方であったということは申し上げてよいと思います。インドの密教のなかでは、顕密の区別の問題はそれほど取り立てて問題にはされておりません。

密教の定義の問題で、弘法大師が顕密の区別をこれだけはっきり立てているから、密教の定義はこれだけでいいかというと、これだけではインドの密教を定義することができません。あるいは中国の密教も定義ができなくなる。それだけではなくて、日本でも天台宗のなかにも密教があるわけですけれども、天台の密教もこの物差しには当てはまりません。

これはまさに弘法大師のオリジナルな発想法と、それから、インド密教の伝統の継承、そういったものから出てきた考えでありますから、これが密教と顕教を分けるとき、どこでも当てはまる方法だというわけにはいかないということであります。せっかくこれだけ明確な規定がありながら、私たちがいま論じようとしている密教、密教とはなにかという場合の密教は、もうちょっと大きなものを指しています。ですから、定義というのは非常にはっきりはしていますけれども、だからといってこの物差しだけですべてを割り切るわけにはいかないのです。

先ほどの話でございますけれども、密教はインドにおいては大乗仏教の一環であったわけです。かつては、仏教は釈尊の教えで始まり、それから小乗仏教があって、小乗仏教というのは非常に形式を重んじて精神を忘れていったので大乗仏教がおこってきた。しかし、大乗仏教というのはまた、理論的に走り過ぎたので、実践を重んじる密教が出てきた。大体こういう系列で戦前まではインドの仏教史を考えていたわけです。

ところが、戦後インド仏教の研究が進んでまいりますと、仏教というものの流れのなかで、ある時代にはいわゆる小乗仏教的な要素が強調されたり、またあるときには大乗仏教的な要素が盛んになったりしただけで、密教といってもなにも大乗仏教とまったく別なものではなくて、密教も大乗仏教のなかの一つであることがだんだんはっきりするようになってまいりました。ですから、密教の特徴を挙げますと、それは大なり小なりすべて大乗仏教のなかに含まれていることになるわけです。そういった意味から言いますと、密教の定義はますますしにくくなってくるわけです。ですけれども、そういってばかりもおられません。

そこで、いろいろ私なりに考えてみまして、では、密教というものを弘法大師だけに限らずに、もうちょっと広い意味にとって、それを一応性格別に考えてみると、大体つぎの五つの点に分かれるのではないかと思われます。

まず一つは神秘主義ということです。二番目は、総合主義。ちょっとこの言葉もまだ生《なま》ですけれども、総合的な考え方があるということですね。三番目は象徴の問題です。四番目は、救済宗教の要素を持っているということ。それから、第五番目は現実重視ということです。

現在、私は密教というものは、大体この五つの性格を持っているのではないかと考えるわけです。ところが、この五つの性格の一つ一つをみてまいりますと、たとえば神秘主義というものはなにも密教だけの特徴ではなくて、大乗仏教そのものも神秘主義的な傾向はいろいろな面で持っております。あるいは総合主義というのも、なにも密教だけの特徴ではございません。東洋の思想というのは、大抵は非常に幅の広い、包容的な考え方を持っているわけです。だから、こういった意味で、これも必ずしも密教だけの特徴ではない。

あるいは象徴主義というものも、これもなにも密教だけに限られません。大乗仏教のなかにはそういった要素は多分に含まれております。

あるいは救済宗教——これも極端に言えば、浄土教なんかむしろ救済宗教の性格が強いわけですから、密教だけの特徴ではない。それから、現実重視といっても、これは大乗仏教の理想というものが、現実に帰ってくることが眼目でありますから、必ずしもこれが密教だということではありません。

だから、たとえばさきに挙げた『弁顕密二教論』での密教の四つの特徴は、これは顕教が絶対持っていない特徴であるという意味で、密教の教判論が成り立ったわけですけれども、私の挙げたこの五つは、みんな他にもあるということで、弘法大師が用いたような教判の物差しとは申せません。

ですけれども、この五つの要素を全部具えているのが密教だということは言えるのではないかと思います。この一つ一つはどれも大乗仏教に共通する要素ではありますけれども、その全部を具えているという点が密教の大きな特徴であると言ってもいいかと私は考えております。

神秘主義

密教の特徴の五つのうち、どれを第一番目に挙げるべきかということは問題ですけれども、何をおいてもやはり挙げておかなければいけないのは、神秘主義であろうかと思います。

神秘主義であるということは、密教が、理論ではなくて宗教体験であるということです。それは、いわゆる大宇宙（マクロコスム）と小宇宙（ミクロコスム）の一体、これらが本質的に一つであるということを直観する。マクロコスムである宇宙、あるいは大自然と、ミクロコスムである自分とが、本来的に一つであるということを宗教体験を通して身につけることです。

こういった考え方は、インドの思想、あるいはインドの宗教には共通して存在しているわけであります。バラモン教のほうでも、梵我一如《ぼんがいちにょ》といいます。つまり、梵というマクロコスムと我というミクロコスムが本来的に一つであることを知ることが大切だとされます。

あるいはなにもバラモン教だけではなくて、仏教のなかにもやはりこの考え方があり、現実世界はそのまま理想世界であるという。あるいは煩悩即菩提《ぼんのうそくぼだい》という言葉にもこのことはよくあらわされています。たとえば仏教では、法という言葉があります。この法という言葉はいろいろの意味を持っていますが、その一つに真理という意味がありますね。仏法というようなときの真理、あるいは仏の教えという意味があります。この真理という意味は、絶対の世界をあらわすわけです。仏法というようなときの法というのは、絶対の世界をあらわす場合と、それからもう一つは、仏教思想の特色をあらわす言葉として、諸法無我《しょほうむが》の場合があります。

諸法無我という場合の法は、この絶対の世界の法ではありません。この場合の法は、現実世界という意味なんですね。現実世界に存在するものはそのまま固定的な実体すなわち我がないんだと。だから、この法という意味には、絶対という意味と現実という二つの意味がある。このように西洋的な考え方では相反する二つの意味が同じ言葉になってあらわされているわけです。

これは一例でございますけれども、仏教のなかでも、絶対がそのまま現象であるという考え方は伝統的にあるわけです。なにも密教になってから初めて出てきた考え方ではなくて、現象世界がそのまま絶対の世界であるということは、仏教の法という言葉そのものが、相反する両面を含んだ言葉であることからもわかります。こういうように、梵我一如とか、法というものの二義性を考えましても、インド人の考え方のなかには、やっぱり大宇宙と小宇宙は本質的に一つなんだという考え方があるのですね。

この神秘主義というのは、往々にして誤解を呼ぶ言葉でありまして、神秘主義とはなにかといったら、エイヤッと気合をかけたら跳び上がったり、不思議なことをやるのが神秘主義だと、こういうふうに普通考えられやすいのですけれども、そういったことではなくて、本来、神秘主義という言葉は、自分自身のなかに大宇宙を含んでいる、大宇宙のなかに自分自身が含まれているという、この関係を宗教体験のなかで確認することを意味します。

ですから、おまじないをやったり、エイヤッと言って気合をかけて病気を治したり、あるいはスプーンを曲げたりすることが神秘主義ではありません。神秘主義という言葉は、そういった意味で誤解されていますけれども、本来は大宇宙と小宇宙の同一性――自分がそのまま大自然であり、大宇宙であるということ――を知ることです。ですからこれは、論理的に追求される主題ではありません。

大宇宙のなかに自分がいる、これはまあ、わかりやすい。論理的に理解できる。しかし、小宇宙がそのまま大宇宙を含んでいるということは、論理的に理解できないことですね。全宇宙が全部自分のなかに収まっているという考え方は、論理をいくら積み重ねたってそこに行き着くわけではありません。となってくると、これは直観の世界です。だから、神秘主義は直観を基盤としている。直観というのは、宗教体験であって、論理の積み重ねではない。

だから、これは本を読んだってだめなんです。また話だけを聞いたんじゃわからない。本を読んだり、話を聞いたりしては密教はわからない。そこらのところが神秘主義の厄介なところです。この点が伝教大師・最澄と弘法大師・空海が、初めは仲がよくて途中で仲たがいをした最も大きな原因だと思われます。

伝教大師は、中国へ行きましても、弘法大師のように長安の都で本格的な密教を勉強していません。ねらいは天台の勉強だったものですから、密教については十分ではなかったのです。ところが、帰ってくると桓武天皇は、伝教大師が少しばかりでも密教を勉強してきたということで、非常に高く評価するわけです。密教というのは奈良時代から日本に入ってきていますけれども、それは断片的なものであります。少なくとも少しまとまった形の密教というのは、弘法大師ではなくて、伝教大師が一年先にこれを持ち帰っています。桓武天皇が非常にそれを高く評価して、奈良の坊さんを呼び集めて、さあ、おまえ、灌頂《かんじょう》をしてやれ、おまえが密教の阿闍梨《あじゃり》だから彼らに教えてやれ、というようなことで、桓武天皇というスポンサーがついて、伝教大師は一躍密教の権威者にされてしまった。

ところが、一年遅れて弘法大師が帰ってきて、『請来目録』を朝廷に出した。それを見て伝教大師はびっくりしたわけです。弘法大師が本格的な密教を勉強してきているということは、伝教大師も深く仏教の学問を修めていますので、すぐわかるわけですね。『請来目録』というのは、これだけの経典を持って帰りましたという目録ですから、今度は伝教大師が一生懸命その目録を頼りに、弘法大師から経典とか論を借りるわけです。

というのは、自分は密教を十分勉強してきていないのにかかわらず高く評価される。大変真面目な方ですから、弘法大師が本格的な密教を持って帰ってきたので、その経典を借りて自分が一生懸命勉強して、足らない部分を補おうと。伝教大師はこういうひたむきなところがあるのです。だから、弘法大師から経典を借りたり、注釈書を借りたりして、一生懸命それらを写して勉強して、自分の足らなかった密教を勉強しようとした。

ところが、弘法大師は長安に行って本格的な密教を勉強したわけですが、書物で勉強したのではありません。恵果《けいか》というお師匠さんとの出会いのとき、恵果和尚《けいかかしょう》は一目で弟子の素質を見抜き、灌頂という儀礼を通して密教を全部弘法大師に授けてしまいます。

の授け方です。これは言葉とか文字を通してではない。弘法大師はそういう形で、インドから伝わった本格的な密教を伝えられて帰ってきているわけです。密教は言葉や文字で伝えるものではないということを十分承知している。

ところが、日本へ帰ってみると、伝教大師が、あの本を貸せ、この経を貸せと迫ります。初めのうちはいろいろと貸しておったのですけれども、『般若理趣釈《はんにゃりしゅしゃく》』という、文字だけで理解されると非常に誤解を生む恐れのある注釈書を貸せというときになって、結局、そこでたいへん手厳しい手紙を送りました。そのために平安時代の両巨頭が別れることになる。

ここらが違いなんです。何もけちをして、あんまり貸し過ぎるので、しまいに惜しくなってけんかをしたわけではない。基本的に密教に対する捉え方が違ってきた。伝教大師は文字や言葉によって密教にアプローチしようとする。しかし、それは本当の勉強の仕方ではないということを弘法大師のほうは知っていた。どうしてもそこで違いができてきたことで別れていったと言ってもいいと思います。

そういうことで、密教というのは宗教的な直観を通して大宇宙と小宇宙が本質的に一つである、そういった自覚を持つこと、これがやはり基本になろうかと思うわけです。

次に、瑜伽（ゆが）という方法――サンスクリット語では yoga（ヨーガ）と申します。ヨーガというのは、日本ではヨガ、ヨガと言われています。これは英語読みにしてヨガと言うのですけれども、サンスクリット語ではOという母音は必ず長母音にいたしますので、これはヨーガと読まなきゃいけません。この yoga を瑜伽と漢字に写したわけです。

この瑜伽ということは、もともとは二つのものを一つに結びつけるという意味です。サンスクリットの yoga という言葉のもとになるユッジュ yuj というのは、二つのものを一つに結びつけるという意味で、それから精神を一点に集中するという意味になって、二つのもの――大宇宙と小宇宙を一つに結びつけるというか、そういった宗教体験を得る方法として、このヨーガという言葉を使うことになりました。

そして、このヨーガは一気にできたわけではないんですね。インドでは非常に古い。仏教のなかにもヨーガが取り入れられています。いわゆる禅《ぜん》とか禅定《ぜんじょう》といわれるものですが、そのもとになるディヤーナ（dhyāna）といってもやはりヨーガのなかの一種でありまして、やはり仏教者としてはこれは必修の課題でありました。

しかし、基本的な考え方としては、禅あるいはヨーガは古くからあるわけですけれども、それが一気にできたわけではないんですね。たいへん長いインドの歴史を経て、やっと七世紀ごろになって密教のなかで、このヨーガが一つの宗教儀礼として確立するわけであります。

以上で、神秘主義が密教のなかの基本である——これだけが基本とは申しませんけれども、少なくとも密教の特徴のなかの非常に重要な要素ではあるということについてお話いたしました。

総合的な性格

つぎに、いわゆる総合主義——主義という言葉はおかしいんですけれども、密教が総合的な性格を持っているということについて述べたいと思います。この総合的な性格というものは、これも必ずしも密教だけの特徴ではなくて、東洋人の考え方の根底には、包容主義というか、総合主義というものがございます。

たとえば西洋人が来て、日本人はおかしいことをしている——同じ家《うち》に仏壇と神棚を祀っているとか、子供が生まれたら七五三で神社に参って、結婚式はキリスト教で挙げて、死んだら坊さんに拝んでもらってというのはどうもわからない。こういうふうに言うけれども、これは東洋人にとってはそれほど珍しいことではない。そういうことが不思議と思われないで行なわれている。対立するものでもすべてのみ込み、包み込んでいく、こういう考え方ですね。

これは仏教だけではなくて、東洋の宗教なり思想なりには多少にかかわらずございます。東洋思想は非常に包容的だと言うことができます。包容的な性格は、密教のなかにも含まれております。ですから、インド以来の宗教儀礼とか、民族宗教とか、あるいは日常生活のいろいろな規範といったものも、すっかり密教のなかに入り込んでおります。

ですから、近代的な考え方のように、宗教とか、あるいは科学というものをきっちり分けて考える、そういった考えはあまりないようです。密教経典を開いてみますと、かならずしも仏教のこと、あるいは思想的なことだけを書いているわけではありません。

極端な例ですけれども、密教経典というものは、ある意味では、医学もあるし、薬学もあるし、天文学もあるし、数学もあるし、経典のなかに、われわれがいわゆる科学だと思っているようなものが全部含まれているわけです。あるいはそのなかに、呪術的なものもかなり含まれている。

古い時代にはヨーロッパの社会でも、現在われわれが考えているように、これらが画然と区別されてはいなかったように思います。たとえば宗教、呪術、あるいは科学、これらはみんな別ものだ、こうわれわれは考えるわけですけれども、これはやっぱりヨーロッパの社会だって、最初のうちこれらはみんな同じようなところから出てきていたようです。たとえば呪術と科学は同じだと言ったら、いいかげんなこと言うなとおっしゃるかもしれないけれども、両方とも錬金術から出ているわけです。

そして、こういう呪術と科学を分けたり、あるいは科学と宗教を分けるために、ずいぶん長い歴史がかかっております。ガリレオ・ガリレイの「地球が回るか、太陽が回るか」というようなエピソードを見ても、やっぱり科学と宗教を分離するための、いろいろな争いがヨーロッパ社会にはあったようです。

あるいは呪術と宗教を分ける。ヨーロッパ社会では、正統のキリスト教教会のためにいろんな民族宗教が消えていきます。だから、魔女狩りなんていうものもありますね。あれはやっぱり呪術的なものと宗教的なものを分離するための一つの争いと考えてよいと思います。東洋の宗教は、科学と呪術と宗教が全部一つになっているわけです。見事に一つになっている。

真言宗のお祖師さんの一人で、一行《いちぎょう》という方がおられます。この方は、密教のお祖師さんの一人であると同時に、「大衍暦《だいえんれき》」という優れた暦をつくった天文学者なのです。この「大衍暦」というのは、日本でも平安時代に百年近く使った精度のいい暦でありますす。だから、中国ではこの一行という人の記念切手を出しています。坊さんとしてではなしに、いわゆる天文学者として、一流の科学者としての業績を顕彰しているわけです。この方が大体八世紀の人です。こういったぐあいに、東洋は、宗教、呪術、科学を渾然一体として展開しているということが言えます。

密教の儀礼のなかにも、いわゆる仏教のオリジナルなものではなくて、インドのバラモン教とか、ヒンドゥー教の儀礼がどっさり入り込んでおります。

大体、ヒンドゥー教というのは一つの宗教として扱うからおかしいのでして、あれはインド人の生活習慣のようなものです。インド人として生活する限り、そういう生活習慣は無視できない。だから、仏教のなかにだっていろいろな形で入ってくるわけです。

密教の経典のなかにもそんなものがたくさん入っています。医学だって、天文学だって、生活に必要なわけですからね。われわれが見たら、あんなもの呪術だと言うんですけれども、これはわれわれの現在の頭でそういうふうに価値判断するだけの話であって、古代社会に生きている人にとっては、われわれが呪術と見るようなことだって医学であるし、天文学であるし、薬学であるし、というようなことがいろいろあります。そういうものが、一切合財、密教経典のなかには包み込まれているわけです。あるいは曼荼羅《まんだら》なんていうのは、そのなかにたくさんの仏、菩薩がいらっしゃいますけれども、あのほとんどがインドの民間信仰の神様であります。何か大きな風呂敷を広げて、なんでもかんでも詰め込んできた、そういったものが密教だということも言える。

だから、それぞれの部分を取り出すと、これも密教だ、あれも密教だと、密教というのは定義をつけられないほど混沌となってしまうのも、そういった包摂的であり、包容的であるという、この性格によるわけです。

しかし、包摂するだけではだめなんですね。風呂敷を広げてなんでもかんでもそこに取り入れてしまう、それだけではだめなんです。それだったら、もとのものとあまり違わない。そこで、私は、包摂とともに純化が大切だと思います。純化とは何かというと、これは、いわゆる包み込んだものを仏教思想によって意味づけていくということであります。仏教の考え方によって、一切の宗教儀礼、民族儀礼を包み込み、取り込んだものに一つ一つ意味を与えていく。思想化していく。違った言葉で言えば、内面化していくといったことになろうかとも思います。これがあるから、密教が仏教になるわけです。

あちこちのものを集めるだけであれば、なにも密教を仏教と言うことはできない。だから、こういうことの研究がまだ十分なされていない時代には、ヨーロッパの学者あたりが密教を見て、これは仏教の衣を着たヒンドゥー教であるとか、バラモン教であるとか、こういった批評をした人もいるぐらいなんですね。外側を見てますと、借り物ばかり目につきます。

密教の特徴のなかでは、包摂から純化ということが、非常に大事な要素になろうかと思います。換骨奪胎——すべてのものを包み込む、そしてそれに仏教的な意味づけをしていく。あるいは、その形だけを残して内面性を与えていくということですね。こういったことが行なわれていくわけです。

たとえばバラモン教で護摩《ごま》を焚きます。護摩というのは、火を焚いて、いろいろな供物をその火のなかにほうり込んで、天上にいる神様に供養するわけです。それが今度は、仏教にもそういう形式が取り入れられます。そして、仏教では、天上にいる神様に供物を届けるという形ではなしに、護摩の火によって人間の煩悩を焼き尽くす、そういった意味づけをやっていくわけです。

そのほか密教の五鈷《ごこ》、三鈷《さんこ》などがあります。いまそれらは法具といわれてますけれども、あれはもともと武器なのです。相手をやっつけるけんかの道具です。ああいったものを法具に変化させて、そしてたとえばその法具のうち、五鈷の五本に分かれたそれぞれの先端の一々は五智・五仏を象徴しているとか、あるいは三鈷だったら、これは身《しん》・口《く》・意《い》の三密《さんみつ》をあらわすんだとか、こういう意味づけをやっていくわけです。

あるいはヒンドゥー教の神様を集めて曼荼羅をつくっておいて、そして、その全部が大日如来の、それぞれの分身だという形に仏教化していく。そして、それぞれの神様がもともと持っている性格ごとに、いろいろなセクションに分けていくというやり方、そして仏教的な意味をそこに与えていく。結局、そういった形で仏教思想によって純化をしているわけです。

非常に包容的であると同時に、包み込んだものをすべて仏教化していくということも密教のなかにある。これは密教だけではなしに、東洋思想というものにあるわけです。仏教も同じです。

それから、思想的に言いますと、弘法大師に『弁顕密二教論』という教判論があって、顕教と密教の違いはこうだとその特殊性を強調する、ということは先に述べましたが、しかしまた一方で、もっと包容的な「教判論」がつくられています。『十住《じゅうじゅう》心論《しんろん》』がそれです。これは、人間の心のあり方を、異生羝羊心《いしょうていようしん》という最低の段階から秘密荘厳心《ひみつしょうごんしん》という最高の段階まで、十の段階に分けます。

人間の心がだんだん向上していく段階を十の住心に分けるのも一つの教判論であるわけです。非常に低級な、いわゆる動物的な存在の人間から、道徳的な人間、宗教的に芽生えた人間、それから、小乗仏教、大乗仏教、そして大乗仏教のなかの天台とか華厳、そして密教、こういう十の段階に分けるのです。『十住心論』は弘法大師が後半の時代になってつくった「教判論」といえます。

弘法大師の生涯のなかで、中国から帰ってこられたころは、顕教に対する密教、こういう区別する意識が強いんです。いままでの仏教に対して自分の持って帰った密教はこういった特徴があるんだと。このように相違点を出そう、出そうという傾向があるんですけれど、後半生では全部のものを包み込んでいこうという考え方がだんだん強く表面化するようになってまいります。

この『十住心論』は、まさに一から十まで順番に階段をつくっておいて、秘密荘厳心を一番上にしておきながら、最後に一住心も二住心も三住心も全部密教だと、弘法大師はこういう包み方をしちゃうんですね。これがおもしろいところなんです。一から九までが顕教で、十だけが密教だというふうに立てておきながら、もう一つ返せば、一も二も三も全部密教だと、こういう包み方をいたします。こういう幅の広い総合主義を密教は本来持っているし、弘法大師もとことんそれを押し進めているということが言えると思います。

弘法大師というのは真言宗の開祖であると言われるんですけれども、これは、天台宗だとか、後になったら日蓮宗だとか、浄土宗だとか、浄土真宗だとか、いろいろそういう宗派があって、それと同じような真言宗という一つの宗派の開祖だということです。しかし、弘法大師の伝記をよく読みよく考えてみますと、弘法大師が、もともと真言宗という一つの宗派を立てようとされたかどうかというのは疑問になってくるのです。

極端なことを申しますけれども、弘法大師は奈良の仏教も天台もすべて密教だと思っておられたのではないか。その全部が真言宗だと思っておられたのではないか。どうもそういう非常に包容的で幅の広い性格を持っておられるのですね。いわゆる一宗一派の、ほかの宗派と並ぶような一つの宗派を立てようとしたのではなくて、全部引っくるめて真言宗にしようとしたということも言えるのではないかなという感じがするほど、弘法大師の思想は包容的であるというか、包括的である。そういった面もやはり密教の性格の一つである、こういうふうに思います。

象徴的な性格

私なりに分けた密教の特徴の、第三番目の象徴性についてお話させていただきます。仏教の経典のなかでも、絶対の真理、いわゆる悟りの境地というようなもの、これはやっぱり表現ができないということですね。釈尊も菩提樹下で悟りを開かれて、しかし、それは言葉では表現できないということで、それを言葉で語ることに絶望するわけです。しかし、そこで梵天《ぼんてん》という神様が出てこられて、そう言わずにみんなに話してくれ、そうでないと一般の人たちは間違った方向に行くから、その人たちをかわいそうだと思ってあなたの悟りの内容をみんなに教えてくれと申します。そこで釈尊は重い腰を上げて、そして伝道に向かわれた。そういう伝承があるほど、悟りそのものを言葉であらわすのは不可能であるわけです。ですから、悟りの境地を言葉とか文字であらわすことにはだれもが絶望し、放棄いたします。

たとえば皆さん方も、「あいつは言語道断だ」という言葉をよく使います。これは仏教の言葉でありまして、あいつはけしからんというときに使うわけですね。「あのやろう」というようなときに言語道断なやつだと、こういうふうに使う。これは禅宗なんかでよく使うのですけど、これは言葉のはたらきが絶えたという意味で、悟りそのものは言葉のはたらきが絶たれているものだと、こういうことなのです。言語のはたらきでは表現することができなくて、真理の伝達が絶たれているという意味です。もともとそういうふうに、悟りというものを言葉とか文字であらわすことは不可能なのです。

ところが、先ほど弘法大師の『弁顕密二教論』のなかで、一つに、密教の特徴は果《か》分可説《ぶんかせつ》だと申しました。この果分というのは専門用語で、いわゆる絶対の世界ということです。因分《いんぶん》というのは現実世界のことであって、果分というのは絶対の世界、仏の世界です。

因分というものは可説なんですね。現実世界のわれわれのいろんなことは、言葉で話すことができる。文字に書くことができる。しかし、果分という絶対の世界、悟りの世界のことは言葉では述べられない。だから、因分は可説だけれど、果分は不可説だ、こういうふうに仏教では考えているわけです。

ところが弘法大師は、密教では果分が可説だと説かれるのです。絶対の世界のことも表現できるんだということです。もちろん、これは言葉とか文字ではありません。それはなにか。いわゆる象徴（シンボル）によって、それを表現することができるということであります。

先ほど、弘法大師が中国から帰ってこられまして、最初に書かれたものが『請来目録』であるということを申し上げましたが、その『請来目録』のなかに、こういうことが書いてあります。「法はもとより言《ごん》なけれども　言にあらざればあらわれず　真如は色《しき》を絶すれども　色を待ってすなわち悟る　月指に迷うといえども　提撕《ていせい》きわまりなし目を驚かすの奇観を貴《とおと》ばず　まことにすなわち国を鎮め　人を利するの宝なり
しかのみならず密蔵深玄にして翰墨にのせがたし。」

密蔵（密教の神髄）というものは、深玄であって、翰墨（筆や墨）にのせることができない、文字にあらわせないと。

「さらに図画をかりて悟らざるに開示す」――密教というのは奥深くて言葉や文句で述べ尽くすことはできない。しかし、それは図画をかりてまだ悟っていない者に開示することができるんだ。いわゆる絵をもって、形あるものを通じて、そういう真理の世界を伝達することができる。まさにシンボルの世界について述べているわけです。密教というのは、言葉や文字では語れないけれども、象徴でもってそれを表現することができるということであります。

この言葉の後に、自分が中国から持ってきた法具とか曼荼羅のリストが並べられております。そういう法具とか曼荼羅というのは、まさにシンボルとして意味があるん

だぞということを、ちゃんとそこで宣言しておられるわけなんですね。

密教では、一つのものを見るのに二通りの見方があるというわけです。二通りの見方というのは、一つは、浅略釈《せんりゃくしゃく》、もう一つは深秘釈《じんぴしゃく》、物の解釈にはこの二通りがあるということです。浅略釈というのは、いわゆる表面的な物の見方、うわべだけの見方です。深秘釈というのは、その物の本質をズバッと突く、そういう見方です。

もちろん、この浅略釈というもので満足するのが顕教だと。顕教というのは、現れた、明らかな教えと書きます。明らかなというのは外側だけのということです。それから、深秘釈のほうは密教です。いわゆる物の本質的なものを見通す、これが深秘釈だ、こういうふうに言うわけです。だから、シンボルというのはこの浅略釈では出てまいりません。表面的な物の見方だけでは出てこない。シンボルがなにかの象徴としての役に立つのは、深秘釈がお互いに持てる、そういったときに、それが象徴としての意味を持つということです。ここでは、やはり宗教体験が絡んでまいります。

この象徴の典型的なものとして、曼荼羅があるわけです。この曼荼羅というのは、密教の象徴としては典型的なものです。

曼荼羅というのは、皆さん方ご承知のように、胎蔵界曼荼羅と金剛界曼荼羅、ああいう曼荼羅を頭に浮かべられるでしょうけれども、あれは曼荼羅のなかの一部分なんです。弘法大師は、曼荼羅というのは四種曼荼羅すなわち四種あると言っておられます。それはなにかというと、大、三、法、羯、すなわち大曼荼羅、三昧耶《さんまや》曼荼羅、法曼荼羅、羯磨《かつま》曼荼羅の四つの曼荼羅です。

この四種の曼荼羅というのはなにかというと、大曼荼羅は、いわゆる形を持った曼荼羅で、仏・菩薩のいろいろな姿や形をそのまま表現したものです。いわゆるわれわれがふつうに曼荼羅と言っているのはみな大曼荼羅であります。大日如来を初め、いろいろな仏・菩薩がそれぞれの姿をとって描かれているものです。

三昧耶曼荼羅というのは、五鈷杵《ごこしょ》、三鈷杵《さんこしょ》とか、あるいは輪宝とか、あるいは月の形とか——これらを三昧耶形《さんまやぎょう》と言うのですけれども、これはいわゆるシンボルです。仏具ですね。そういうものをもってあらわす。そして、それぞれのものを通じてなにかの意味を受け取るわけです。深秘釈によって、お互いにそこに理解するものがある。これを三昧耶曼荼羅と言います。三昧耶形の曼荼羅ということですね。

それから法曼荼羅は、梵字でもって書いた曼荼羅。あるいは文字とか経典とかが象徴的な意味を持つ曼荼羅を法曼荼羅と言うわけです。文字を浅略釈で、表面的に理解したらこれはだめですけれども、その文字の持っている奥底の意味をつかみ出したときにそれが法曼荼羅になる。特に、梵字なんかは一字に千理を含み、といわれているように、一字のなかにいろいろな意味を持っている。だから、見方によってそれぞれ意味が違ってくる。これが法曼荼羅です。
羯磨《かつま》曼荼羅の羯磨というのは活動、動くということです。だから、羯磨曼荼羅というのは動きのある曼荼羅です。立体的な曼荼羅ということもそのなかの一つですし、極端に言いますと、風のそよぎ、小川のせせらぎ、星や月の運行、そういうものが全部宇宙そのものの動きをあらわして、それが象徴的な意味を持っている。落葉が一枚ひらひらと舞い落ちる、それで悟るというようなとき、これは羯磨曼荼羅になるわけです。

そういうふうに曼荼羅というのは、象徴するといっても、具体的な形を持った曼荼羅、あるいは本当の仏具やなにかの象徴的な曼荼羅、あるいは梵字などの文字であらわす曼荼羅、あるいは活動そのものを象徴的に示す曼荼羅、こういういろいろな種類の象徴の体系を密教では考えているわけです。

それから、こういう象徴として、密教のなかで、曼荼羅だけではなくてもう一つ申し上げておかなければいけないのは、儀礼です。先ほど申しましたように、バラモン教とか、ヒンドゥー教で使っている宗教儀礼、あるいは日常生活のなかのいろいろな儀礼を、そのまま密教は包摂しております。しかし、それぞれを純化するというか、内面化するというか、思想化するという意味で、それぞれに仏教的な意味づけをしていくということは、結局、そういう儀礼を単なる儀礼に終わらせずに、それぞれを仏教化していくことになります。

密教は、儀礼を重んじます。どうも儀礼的なものはなにかまやかしじゃないか、あんなものはみんな呪術に類するもので、意味がないのではないか、こういうふうに考えられやすいのです。どうもわれわれは儀礼というものを、あんまり重要視していない。

ところが、あの儀礼そのものが一つのシンボルなのです。形、姿、そして動き、そういったものが、なにかを象徴的にあらわそうとしております。密教、あるいは真言宗のお寺というのは、そういった意味では、飾りつけが派手であるし、動きが大きいし、儀礼が華やかである。そういうことが密教の特徴になっている。なにも真言宗のお寺というのはみんなお金持だから、あんなきらびやかな飾りつけをするというわけではないのです。そのもともとの思想的な意味で、密教がそういう儀礼を通じて真理を伝えようとしているということです。しかし、こういうことはかえっておもしろい。抽象的な議論をしたり、難しい高等な議論をはくのではなくて、具体的な姿や形でもって、それぞれの意味を象徴的に汲み取らせていくという方法は密教だけが持っているのです。

だから、仏教のなかでは密教の芸術が一番発達するわけです。密教は芸術の分野に思い切って出ていける。そういうシンボルによる表現という特徴を持っております。ここが、禅宗と大分違うところでしょうね。禅宗だって悟りのなかで自分と仏との一体感というようなことは大切にしますけれども、いろいろなものを使ってということはやらない。これは真言宗の大きな特徴です。姿、形、動き、儀礼、そういったものにそれぞれ象徴的な意味を与え、そして、象徴を通じてなにかを訴えかけていくという方法をとっているわけです。こういう象徴が、密教の第三番目の特徴になっていると言ってもいいと思います。

救済の宗教

つぎは四番目の救済という面ですが、これは皆さん、お聞きになるとおかしいとお思いになられる方があるかもしれませんね。いわゆる浄土教。自分を全部捨ててしまって、ひたすら阿弥陀如来の本願《ほんがん》に頼る。これは救済ですね。密教の場合は逆ではないか、こうお思いになる方があるのではないかと思います。

「真言宗は他力《たりき》ですか、自力《じりき》ですか」と聞かれることもよくあります。他力というのは、いま申しましたように、阿弥陀如来の本願をひたすら信じて、それに頼りきる。自分のやっていることをすべて捨ててしまって、阿弥陀如来の誓願にすがる。あるいはその反対に、自分自身の心身を清めていくというか、悟りに向かって深めていくことによって悟りを得るという自力のやり方。そういうことに比べると、密教、真言というのは、私は、自力でもあり他力でもあると言えるのではないかと思います。

というのは、いわゆる真言の成仏は即身成仏だからです。即身成仏というのは最初に申し上げましたように、自分自身の小宇宙そのものが大宇宙である。凡人であると思っている自分自身が、見方を変えると仏であるということです。即身成仏というのはまさにそういったことです。普通では体は邪魔になるものだ、心が大事だ、こう言うのですけれども、真言では体が大事なんですよ。というのは、現実の体そのものを完成体、すなわち仏と見ていくわけですからね。

そういった意味では密教は自力ではないか、こういうふうに言われるかもしれません。密教の行は、即身成仏をするための三密の行というのがございます。身《しん》・口《く》・意《い》と言います。体と言葉と心です。体としては、印契《いんげい》、つまり手の指を組み合わせていろいろの印契を結ぶ。口には真言を唱える。心は三摩地《さんまじ》に住する。いわゆる心を一つに専注する。こういう三密の行を真言では説くわけです。われわれの体も言葉も心も、仏の体と言葉と心とちっとも違っていないんだ、お互いに同じもので、お互いに瑜伽している――弘法大師の言葉によりますとこういうふうに言うのです。だから、われわれは手に印を結び、口に真言を唱え、心を一点に集中する。こういう三密の行によって、自分自身が凡人ではなくて、仏であるということの自覚に至るということです。構造としましては、われわれがこういう三密の行をすることによって、仏のほうから加持力《かじりき》が加わってくる。加持力といっても、何かエイヤッといって病気を治すような、そういう加持力という意味ではなくて、何かプラス・アルファの力が加わってくるというふうに言います。

だから自分自身の三密の行の力つまり行者の三密行と、それによって仏のほうからなにかプラス・アルファの力が加わってきて、そして成仏が完成するということになります。だから、ここでは完全な自力ではない。といって完全な他力でもない。この二つの力が相応したことによって悟りが完成するんだと説いている。だから、密教のなかでも、こういう上からの力というものを完全に無視しているわけではないわけです。これは、矛盾しているではないかとお考えになるかもしれませんけれども、どうしても宗教というものは、上からの力も加わってくる、こういう要素もやはり入ってくる余地が残っているのです。

そして、この力が非常に大きくなってきたのが、いわゆる弘法大師信仰というものです。弘法大師はまさに即身成仏をお説きになったわけですけれども、結局、弘法大師のプラス・アルファの力を信仰する人たちによって、いまの弘法大師信仰が成り立っている。ですから、他力というものも、密教のなかにまったくないわけではなくて、現在の真言宗なり日本人の大師信仰の基盤は、むしろ大師の加持力を頼るということになってきている。

これは密教の特異な現象——弘法大師信仰なんてのは、じゃあ、密教のなかの鬼子かというと、そうでもないんですね。インドの後期密教になってきますと、ナータ(nātha)崇拝、つまり、聖者崇拝が出てくるわけです。このナータ崇拝が十世紀前後の後期のインド密教に出てまいります。それと弘法大師信仰とどう似ているかというのは、研究がそこまで進んでいないので、はっきりしたことをここで申し上げるわけにはいきませんが、インドと日本でお互いに共通する非常におもしろい現象が出てきている、そういうお話だけにとどめさせていただきます。

密教のなかの救済信仰も、まったく無視することはできないということで、第四番目に密教の特徴として挙げさせていただいたわけです。

現実重視

それから、第五番目ですけれども、現実重視ということであります。これも密教の大きな特徴です。先ほど申し上げましたように、密教というのは本質的に現実世界そのものが理想世界である、煩悩即菩提、これは大乗仏教でも言いますけれども、そういうことを極端に突き詰めていく、そして、小宇宙そのものが大宇宙であって、大宇宙そのものが小宇宙だ、こういう関係で世界を考えるということも申しました。

仏教というのは、いわゆる出家とか、離俗とか申しますけれども、家とか俗という、いわゆる現実世界を出るとか、現実世界を離れることを理想のように考えている。墨染の衣を着て現実世界から出て行って、そこで聖なる世界、宗教的な生活をする。仏教の理想は、俗を否定したところにあるんだというふうにわれわれは考えやすいのです。

ところが、大乗仏教というのは、俗を離れてはいけない。現実に生きているものを対象にしなければいけないわけです。だから、離れ切ってはいけない。むしろ、現実に生きている人たちそのものを救い出さないといけない。大乗仏教というのは基本的には、俗を断ち切って非俗の世界に生きながら、もう一度俗へ帰ってこないといけないのです。それが菩薩の精神であります。利他行《りたぎょう》というのはそういうことです。大乗仏教はそういう傾向を持っていますけれども、密教は極端にこれを強調する。現実のなかにこそ真実があるという考え方をいたします。

密教の大切な経典のなかに『大日経』というのがあるのですけれども、『大日経』のなかに、「方便《ほうべん》を究竟《くきょう》とする」という言葉があります。この方便というのは、現実世界における活動ということです。現実世界に働きかけることが究極の目的だ、密教の理想なんだということです。だから、墨染の衣を着て現実世界を出てしまったらだめなんです。世俗の世界そのものを重視するというと、世俗そのものを全面的に肯定してしまうのかということになりますが、そうではないのです。密教の現実肯定は、一度否定の世界を経て、もう一度肯定の世界に戻ってきているということになるわけです。

密教はまさに現実そのものを見つめていく。だから、浄土は西方極楽浄土じゃないんですね。この現実世界から離れたところに浄土や理想世界があるのではなくて、現実世界そのものが浄土なのです。密教では、密厳浄土《みつごんじょうど》と申します。ですから、方便を究竟とする、現実世界における活動そのものが理想である、こういった面をしっかり持っております。仏教が俗世間を離れて、そして、非俗の世界に安住することを目的としている限りは、生きている人間とは無関係になってしまいます。もう一度現実世界のなかで働きかけるという原理が必要になってくる。

仏教の社会活動といいますか、慈善運動といいますか、そういったものは、普通の仏教の原理から出てきにくい。俗世界を離れた非俗の世界を理想とする限り出てこないものです。密教は、もう一度俗世界に戻ってくることを理想としているためかどうかわかりませんけれども、日本仏教史のなかで、社会事業に挺身した人たちは、大部分が密教関係の人たちであるわけです。

鎌倉時代の叡尊《えいぞん》とか、忍性《にんしょう》とかいう社会事業に活躍した人にしましても、江戸時代に出た真言の僧侶たちにしましても、これは偶然か、あるいはなにか必然性があるのかないのか、そこまでは断定することはできませんけれども、やはり密教が現実世界に働きかけることを重視して、世俗を離れるほうに焦点を合わせていなかったからだと言えるのではないかと思います。

そういった意味では、密教は、現実重視のあまり現実におぼれてしまうという危険性も多分にあります。現実をそのまま肯定してしまう。けれども、普通の職業に従事していて、それがそのまま仏道であるという考え方——江戸時代なんか、士農工商それぞれの仕事をしながら、それぞれが仏道であるという考え方も出てくる。そういう意味では、仏教らしさというか、仏教らしい華々しさはあまりない。

たとえば比叡山にあるような、回峰行《かいほうぎょう》なんていう、あんな厳しい行は真言のなかにはございません。命をかけて十何年もするような、俗世間を離れたいかにも坊さんらしい行というものをあまり表面に出していない。なぜかというと、現実重視、現実のなかに入り込んでいることのほうにウェイトを置くからではないかと、私は考えております。それだけに逆に言えば、現実社会への働きかけの原理を密教は持っているということになるでしょうか。大乗仏教はそもそもそういうものであるわけですけれども、そういった要素を、密教はじつに濃厚に持っていると言えるのではないかと思います。

これはかならずしも密教の経典の言葉ではないのですけれども、「即事而真《そくじにしん》」という言葉があります。これはどういうことかというと、事というのは現実世界という意味です。真というのが真実の世界です。事に即して真なり。現実世界に即してそのまま真実であるという考え方、これが密教の特徴であります。こういったことで、第五番目の現実重視ということも、密教の特徴として加えておかなければいけない性格だろうと思います。

このように、密教というのは一言で定義はしにくいわけです。これだけを取り出せばこれで密教がわかる、というものはありません。だから、一言で密教を定義づけるのはたいへん難しいわけですけれども、なにか密教のなかに特徴がないかということでいろいろ探してみると、いま考えられているような五つの特徴が浮かびあがってくる。そして、この五つの特徴は、それぞれが大乗仏教の性格でもあるのです。だから、かならずしもそれぞれの一つだけを持ち出して密教の特徴というわけにはいきませんけれども、この五つを兼ね備えているという意味において、そこに密教の特徴があるのではないかと私は考えて、こういうふうに五つの特徴を出したわけでございます。密教講座の第一回目を私に話す機会を与えていただきましたが、密教に対する理解のなにか手がかりでもつかんでいただければ幸いであります。

インド密教と曼荼羅の展開

密教の源流を求めて

高野山大学がラダック地方の仏教文化の調査を始めましたのは、一九七七年からで、それ以前に、ネパールの山奥でも二回学術調査を行なっております。なぜ、そんなにたびたび、ヒマラヤ周辺地域に行くのかと申しますと、そこに、密教が今なお生きて、伝えられているからなのであります。

われわれ日本の仏教は、大乗仏教であります。大乗仏教は、だいたいインドから海を渡るか、あるいは、西域地方を通って中国に伝えられ、それから日本にやってきたもので、これを北方仏教ともいいます。日本仏教は、この北方に流伝《るでん》した仏教のひとつであるわけです。

インド仏教は釈尊の滅後百年あまりたって、進歩的な大衆部《だいしゅうぶ》と現状是認の上座部《じょうざぶ》に分かれました。釈尊の教えに形式どおりに従っていこうとする、長老たちのグループが上座部で、釈尊の教えを、形よりもその精神を汲んで生かしていこうという傾向の強かったのが大衆部です。その二大流派のうち、大乗仏教は大衆部につながっております。

一方、南方に拡がった仏教、すなわち上座部仏教は、一般に小乗仏教といわれ、現在タイやミャンマー、またスリランカといった国ぐにで盛んに行なわれていますが、北方仏教、いわゆる大乗仏教の栄えている国はそれほど多くはありません。日本をはじめ、朝鮮半島、台湾、それに、モンゴルとチベット。中国とヴェトナムも、かつては大乗仏教が信仰されていましたが、現状はそれほど多くの信者を持ってはいません。

小乗仏教は、どちらかといえば、釈尊の教えに忠実で、戒律なども厳重であります。大乗仏教は釈尊の教えの形式よりも、その内容を重視する傾向が強く、また自分の悟りとともに、生きとし生けるものの救済を願うところに特徴がございます。

大乗仏教のなかでも、日本の真言宗、天台宗というのは、周知のように、密教というひとつの流れを受けております。密教は、仏教のなかでも神秘主義的な色彩の濃い宗教でありますが、日本には伝教大師・最澄、弘法大師・空海によって平安時代のはじめに伝えられ、それから伝統的に天台宗と真言宗のなかに伝えられてきているだけではなく、民族宗教と同化して日本文化のなかに深く根をおろしているわけであります。この大乗仏教のなかの密教がいまなお残っているのは、日本以外にはヒマラヤの周辺地域だけであります。

では、なぜ、そういう辺鄙《へんぴ》なところにしか残っていないのでしょうか。

インドの仏教は、前六世紀、釈尊の成道《じょうどう》、つまり悟りを開き、覚者となった時点にはじまり、前三世紀までには全土に浸透します。仏教教団の拡大とともに、教義や布教方法をめぐって先述の二派に分かれ、その一派にあたる大乗仏教が、紀元前後におこってきます。そして、シルクロードを伝わって中国へ、あるいは南方の海を渡って中国へと入っていきました。

こうしてインド仏教は、以後、大乗仏教としていろいろな形で展開するわけですが、一方、インド人の民族宗教であるヒンドゥー教が、四世紀から五世紀くらいに歴史の表面に現われ、六、七世紀には非常な勢力をもつようになります。したがって大乗仏教も、このヒンドゥー教の影響を多分に受け、また、手とか指を組み合わせていろいろな形をつくる印契《いんげい》とか、真理を言葉として凝縮させたサンスクリット語を、そのまま唱える真言を組み合わせた宗教儀礼が構成されるなど、大乗仏教に多くの実践的な要素が加味される。これが密教になっていくのであります。密教は七世紀から十二世紀にわたって栄えますが、十三世紀の初めにインドがイスラム教徒に征服されると、仏教そのものがイスラム教に押されてインドの大部分の地域で絶滅してしまいました。こういうわけで、大乗仏教の残っている地域は、生まれ故郷のインドではなく、それが伝えられた東アジアの各地、すなわち中国、朝鮮、日本、それにチベット文化圏のヒマラヤ周辺地域になったのであります。

さて、密教の地チベットですが、この国は、ほぼ七世紀に、ようやく文化が芽吹いたところであります。中央チベットを中心に統一国家が成立したのが、この世紀の半ばになってからであり、日本ではちょうど聖徳太子のころに、チベットは、文化の曙《あけぼの》の時代を迎えるわけです。

中国の仏教は、紀元前後からインド仏教、大乗仏教を受けいれているので、その後、禅、浄土あるいは、華厳、天台といったさまざまな宗派がおこりましたが、それにくらべて、チベットの仏教は、そのはじまりも六世紀末から七世紀にかけて、とかなり遅く、宗派も、その当時の大乗仏教をそのまま受け継いでおります。そのころのインド仏教では、大乗仏教のなかでも、密教が非常に優勢であったため、チベットの仏教は、最初から密教の影響をもろに受けている。この意味で、チベットでは、主として密教を中心に仏教が展開していった、といってよいかと思います。

私たちが、なぜチベットの文化を知りたいと思ったかといいますと、そもそも、われわれの密教の源はインドにありますが、片方は中国経由で日本に伝わり、もう一方はヒマラヤを越えて、そのままチベットに入りました。この二つの密教は、いわば兄弟の間柄にあるといってよいわけです。インド本国で、密教の遺跡や遺物がほとんど残っていない現在、どうしてもチベットの密教を勉強する必要がある、とかねがね念願していたからであります。

しかし、チベット本国は、ずっと鎖国されておりまして、容易なことでは入国できないため、なるべくそれに近いものを研究したいということで、私たちは手始めに、ネパールを目指したのであります。高野山大学は一九七〇年、七一年と二度、調査隊を派遣し、私も一回はネパールの山奥、中国との国境近くまでトレッキングをし、調査を始めましたが、そこにはあまりいいものが残っていませんでした。実際問題として、ヒンドゥー教化が予想以上に進んでおり、山奥に入っても、仏教はそれほど精彩のあるものではなくなっているのです。あっても、かなり変形されたものしか残っていないとわかって、ネパールの調査はそれで打ち切りました。

ではつぎにどこをねらおうか、ということで、私たちの調査対象にあがったのが、ブータン、シッキムといったインドの東北部の王国、あるいはラダック地方を含めた西チベット一帯、また、古いチベットの民族宗教でありまして、形の上では密教によく似たボン教の残っているムスタンであります。

しかし、ヒマラヤ周辺のこうした地域は、いろいろ今日的事情があって国を閉ざしており、なかなか外国人を迎え入れてくれません。あれこれ思案しているうちに、一九七四年、ラダックに外国人が入れるようになったというニュースが伝わりました。私たちは諸種の準備を整え、入国解禁の三年後、一九七七年に、最初の調査隊を送りこんだというわけであります。

ラダック地方は、北方にカラコルム山脈、南にヒマラヤ山脈が迫る、雨のほとんど降らない、乾燥した気候の高地であります。海抜三千五百メートルから五千メートルくらいのところに、村落もあり、寺堂もある。そこへ調査隊を派遣したのですが、実は、期待以上に驚くことになりました。

いままで、ネパールとかチベットの周辺地域を調査していましたが、ラダックへ行ってびっくりしたのは、みごとな曼荼羅や彫刻、工芸品が、ずらりと生きて残っていることであります。その主だったものは、一九八〇年、東京・西武美術館で開かれた「マンダラ――出現と消滅」展で、写真記録によって公開し、調査の成果を報告しました。ヒマラヤ辺境にこれほど質の高い、そして内容の充実した文化遺産が、ほとんど無傷で残っていたことに、まず私たちは驚嘆したのであります。

なぜこういうことになったか、と申しますと、実はラダック地方は、地域的には西チベットにありますが、中央チベットよりも、むしろ古い文化を保存しているという歴史的な事情があるからです。

チベットは七世紀からのち、歴史の表面に現われ、仏教を中心として国が栄えていくわけですが、九世紀の中ごろに、ちょうど日本の蘇我氏と物部氏の争いのように、崇仏派と排仏派に分かれ、外来宗教である仏教をどう取り扱うかという争いがおこります。日本では崇仏派が勝ちましたが、チベットでは排仏派のほうが勝ちました。その結果、中央チベットでは、徹底的に仏教がつぶされてしまいます。そして、僧侶たちは東と西へ逃げてしまい、しばらくは仏教はもう起きあがる力をなくしてしまうのであります。

ところが十世紀の終りころになって、西チベットに、非常に秀れたエーシェーウーという王さまが出まして、仏教再興のために、とくにエリートを二十一人選んで、インドやカシミールに送り出しました。当時、中央インドにはナーランダーという立派な大学がありましたし、カシミールは、昔から大乗仏教の盛んなところであります。

そういうところで勉強させたのです。そして、その連中が、西チベットに帰って来まして、仏教復興運動ののろしがあがりました。ですから、チベット仏教の復興運動の発祥地は、西チベットであり、そのおかげで、十一世紀以後、中央チベットでも仏教が力をもりかえしてくるのであります。

チベット人の間では、古くからスピティ、ラフール、ラダックは、合わせて「グゲの三国」といわれており、この西チベット地方は、チベット仏教の中断された後の発祥地で、中央チベットより古い文化を継承しています。また、この「グゲの三国」は、南のインドから直接の仏教とともに、西どなりのカシミールからの質の高いシルクロードの文化をも受けついでいるのであります。

ラダック地方の古い寺院の壁画は、中央アジアの影響を強く受けております。カシミールやシルクロードの文化は、まず西から入ってくるからです。ラダック地方に現存する寺院のなかで、最もすばらしい建築と絵画を残している、アルチ寺のお堂の壁画や天井画の繊細な画法は、まさに中央アジア的な香りをただよわせています。ネパールあたりの寺院彫刻や壁画は、チベット美術の土臭さのようなものを保っていますが、ラダックのものは、もう少し、バタ臭いにおいがいたします。これは西の方からの文化の影響を、まず受けたということであろうと思われます。しかも、一方では、インドの文化を直接に受けついでいるのです。

そして、地形が幸いしました。「ラダック *la drags*」ということばは、チベット語で「ラ」、すなわち「峠」の複数「ダック」を表わし、「多くの峠に囲まれた地域」という意味であります。ですから、昔からラダック地方は、自然に守られて、文化財をそのまま残してきたともいえるわけです。

アルチ寺の壁画は、だいたい十一世紀から十三世紀のもので、日本でいえば、平安時代の後期から鎌倉初期にかけての国宝級のものが、そのまま残っているということになります。このようにラダック地方には、インドと中央アジアの影響を受けた、すこぶる質のよい仏教芸術の作品が、豊富に残っていたのであります。

初年度は、まず視察してくるだけに終わりましたが、二年目は、壁画を写真に記録してこようと、曼荼羅の一尊、一尊について、高野山大学隊はきびしい自然条件のなか、アルチ寺の近くに泊りこみで、朝から晩まで、毎日シャッターを切りました。それを持ち帰って、経典とひとつひとつ、つき合わせた結果、これが「金剛界曼荼羅」の、日本にまだ伝わったことのないものであるということが、ようやくわかってきました。それも、非常にたくさんの種類があるのです。

日本に伝わった「金剛界曼荼羅」といえば、三つの違った様式のあることが、現在、知られております。そのなかでも、京都・高雄の神護寺のものとか、東寺の「現図曼荼羅」が、最も有名でしょう。二つめは京都・妙法院（三十三間堂の本坊）に版木として残っている「八十一尊の金剛界曼荼羅」。三つめは、琵琶湖畔の園城寺（天台宗の三井寺）にある『五部心観』中の金剛界の諸尊図であります。

ところが、ラダック地方に残っている曼荼羅は、いままで日本に紹介された三種の金剛界曼荼羅とは、多くの点で異質なものでありました。日本だけでなく、まず世界にほとんど知られていなかった、といっていいものであったと言えます。

二十世紀の初めに、フランケという探検家がこの地を調査して、旅行記を出していますが、これには曼荼羅があるとしか書いてなくて、もちろん専門の学者ではないので、それがどんな曼荼羅であるかという研究はやっておりません。ところが、高野山大学の学術調査によって、日本でいままで三種類しか知られていなかった金剛界曼荼羅と、まったく違ったものが、ラダック地方には十種類以上もあることがわかったのであります。

正直なところ私たちは、チベットの密教を勉強したいけれどもチベットには直接行けませんから、靴の裏から足をかくようなもどかしさをもって、せめてチベットの周辺地区へ、という気持で行きました。ところが、調査しているうちに、経典の記載に比較的忠実で、インドでとうの昔に失われてしまった曼荼羅が、ラダック地方にたくさん残っているということが、だんだんわかってきたのであります。

これはたいへんなことだというわけで、一九七九年の第三回の調査には、なんとかして専門のカメラマンに行ってもらいたいと思っておりますと、毎日新聞社が私たちの二度のラダック仏教文化調査に注目し、同社の秀れた宗教担当記者である佐藤健氏から同道の申し出がありました。こうして第三次調査隊は、高野山大学と毎日新聞社との合同でこれらを調査すると同時に、加藤敬氏という経験豊富な写真家に、ラダック地方の重要な寺院の壁画と彫刻の写真を、ひとつずつたんねんに撮影していただいたわけです。帰国後、西武美術館という発表の場を与えてもらい、これらの写真をとおして、曼荼羅の世界がこれだけ拡がりがあり、奥深いものだということを、大方の目で直接見ていただけたのであります。

本来、インドの密教研究が専門の私は、インド密教をより深く研究するために、チベットの密教にまでしだいに手をのばしていきました。三十年も前に、私がインドの密教の勉強を始めたころは、この方面に注目する人はほとんどいなかったのです。当時は、仏教でも、とりわけ哲学面・思想面・倫理面が大きく重要視され、学者の関心も、たいていそういうところにありました。このような風潮のなかで、密教は、思想のない、いわば〝呪術〟とさえいわれ、密教を研究しているものは、仏教研究者のうちでも異端者扱いでありました。

ところが、仏教を勉強していきますと、やはり思想面だけではないと考えられるようになってきました。仏教を思想面からだけみようとするほうが間違っている、ということが最近になって欧米の学者の間でもじょじょに認識され始めてきております。

仏教にかぎらず、日本では、どちらかというと思想的なものを大切にする傾向がございます。観念的な思弁が高尚で、形のあるものは、二次的、三次的なものにしか考えない。しかし、私は密教研究にあたっていて、思想とは、たんに頭のなかで、いろいろ考えるものだけではなく、色や形、あるいは音のうちに表われるものでもある、と考えております。思想をそういう具体的な形に表現したものが密教であります。ですから「密教に思想がない」といわれますけれども、思索がないということではありません。密教は、はなばなしい思弁が、ちょっと見た目に、おり重なって列なっているようなものではないのです。思索の跡を表に出さずに、色や形、音、つまり造形美術や音楽、あるいは儀礼といったいろいろな形にして、私たちの生身《なまみ》に備わるすべての感覚を通じて吸収できるようにして、思想を提供するのが密教なのであります。

一九八〇年、東京・西武美術館で行なわれた「マンダラ――出現と消滅」展を機会に、会場でチベットのお坊さんたちによって、声明《しょうみょう》、つまり抑揚をつけ、一定のリズムをもった経典読誦《どくじゅ》が行なわれました。いわゆる頭で理解する、思索だけの仏教と違って、目で見、耳で聴き、香りをかぎ、肌で触れ、人間の感覚すべてを使って、真理を全体としてつかんでいこうとする、これが密教なのです。

密教の世界は、いうなれば禅のような単色の世界ではなく、あざやかな原色の世界であります。また、なまなもののなかにひそんでいる思想性のようなものを、じかに、そして、いっきょに汲みとっていこうといたします。これは頭のなかだけの思考では無理で、眼、耳、鼻、舌、身というあらゆる感覚器官、つまり五感を総動員しなければなりません。そうしなければ、生きた真理は自分のなかに入ってこないのです。

禅も密教も、ともに神秘主義的な傾向が強いといわれますが、禅は形あるものを直接用いたりはいたしません。これに対して、密教は荘厳な宗教儀礼を通して、つまり形あるものを用いて、形のない真理をつかもうとする。このことは、簡素な禅寺と、道場荘厳のきらびやかな密教寺院の違いのなかにもあらわれております。このような密教の真理のとらえかたは、日本の仏教では、従来、軽んじられていたタイプではないかと思います。

と申しましても、密教というのは、かけ声もろとも、手を使わずにスプーンを曲げるようなものだ、と思われても困ります。思想を表に出さずに、形のあるもののなかから、それが本来もっている本質的な「いのち」を引き出してくる。それには理屈ではだめで、やはり、宗教的な瞑想《めいそう》とか、直観が大切だ、ということなのであります。

第三次のラダックの寺院の調査では、小さなお堂――「マンダラ――出現と消滅」展の会場にひとつ再現したが――は、いったいなんのためにあるのか、ということも調べました。

ラダック地方に行きまして、とくに目立ち、数も多いのは、もっと大きなお堂であり、こちらのほうは、だいたい十五世紀以後に、西チベット地方を支配したナムギャル王朝をはじめ、歴代王室の庇護《ひご》によって建立されました。これは大きなお寺で、僧侶たちの修行の場であると同時に、生活の場であることがはっきりしております。五十人から三百人という、たくさんの坊さんたちの住む寺院であるわけです。

ところで、私たちが五千メートル級の山をなん度も越えながら、調査をしてまいりました目的のひとつは、十一世紀に活躍したリンチェンサンポという高僧の業績を、一度徹底的に調べあげようではないか、ということもありました。リンチェンサンポは、さきに述べましたように、チベット仏教が一度崩壊したときに、王さまから特別に選ばれて留学した秀才のひとりです。帰国後、多数の仏教経典の翻訳をはじめ、寺院の建立など、積極的な教化活動をなし、いわゆるチベット仏教の復興運動の大立者になってまいります。そして、中央チベットには生涯足を踏み入れず、西チベットを終焉《しゅうえん》の場所としました。私たちはその人が、いったい、どのような仏教をラダックに持ち込んだか、ということを調べようとして、彼の建てたといわれるお堂——リンチェンサンポの遺跡をぜんぶ調査してみたのであります。

前述のアルチ寺のお堂もそのひとつですが、まず、このリンチェンサンポの遺跡を、徹底的に実測してみました。もちろん、たいていは廃墟になっていて、現在は生きたお寺ではありません。そこをたんねんに調べ、お堂の復元図をつくり、遺跡の構成を知りました。そしてそれらは、基礎的な成果として「密教文化」という高野山大学から出ている学術雑誌の第一二九号に報告いたしました。この調査の結果、八畳敷きくらいの小さなお堂の内壁のまわりにずらっと描かれているのは、大部分、金剛界の曼荼羅であることがわかったのです。

その後、研究が進み、ラダックのお寺には、ふたつのタイプがあることがわかってまいりました。ひとつは十一世紀から十三世紀ころまでにできた古い小さなお堂。もうひとつは、十五世紀以後、ナムギャル王朝以後にできた大きなお堂であります。

大きなお堂は、たいてい山の上に建てられております。これは王さまが建てたわけですから、外敵の侵入に備えるために、どうしても山上につくらなければならなかったのです。しかし、十三世紀までの古いほうの寺は、だいたい、平地に建てられておりまして、規模も小さい。そして、この十一世紀から十三世紀にかけての前期の建築・美術を、私は「リンチェンサンポ様式」と呼んでいるのですが、これは、カシミールや中央アジアの美術の影響を非常に強く受けている寺であります。それにはチベット的な傾向はほとんど出ておりません。壁画をみても、忿怒尊《ふんぬそん》はありません。曼荼羅と、釈迦如来、文殊菩薩、弥勒菩薩、観音菩薩という、大乗仏教徒には親しみのある、おだやかな仏と菩薩を中心にして、構成されているお堂なのであります。

一方、後期の十五世紀以後になると（これを私は王朝の名をとって「ナムギャル様式」と呼んでおります）、壁画にインド的または中央アジア的な雰囲気は失われ、チベットや中国の影響が強まってまいります。したがって、絵の種類では、仏伝図、あるいは地獄極楽の絵、そして、怒り狂った、あの活力にあふれた忿怒尊や、男女合体像が出てきます。これらはたいていみな、ナムギャル様式のお寺に多いのですが、このように、前期と後期とでは、寺堂の構造や壁画の種類や性格が、はっきり違うわけです。

そこで、リンチェンサンポ様式の、内壁に曼荼羅が並ぶ小さなお堂は、なんのために建てられたかと考えてみますと、これは瞑想《めいそう》のためのお堂ではないかと推定されるのであります。それは民衆の現世利益《げんぜりやく》のための用途とは離れている。つまり、大勢のお坊さんが集まって、お経をとなえあうお堂ではなくて、ひとりで入って、宇宙と自分との関係を黙って瞑想するお堂である、と私は結論いたしました。

こうして、ラダック地方の密教では、古い時代には、やはり瞑想とか瑜伽《ゆが》＝ヨーガなどがたいそう大事な要素であったことがわかります。それだけ、本来的なインドの密教がストレートに入りこんでいた、ということになるでしょうか。

ラダック地方の曼荼羅を調べておりますと、非常に質が高く、インド以来のもともとの形を留めていることがわかります。日本に渡ってきた曼荼羅は、中国の文化をいちど通過してきており、そのため、中国の影響を決定的に受けていることが、両地方の曼荼羅をひき比べてみると、よくわかるのです。

中国は古来、独自の文化をもっておりますから、インド文化を受け入れると、自分たちの考えかたで仏教を理解していこうとする。むずかしい用語で、これを「格義《かくぎ》仏教」と申します。つまり自分たちの国家や社会体制に合った形で、仏教をまげてしまうわけですね。

ところが、チベットは、文化が遅れて出発し、七世紀以後に、いっぺんにインドの仏教を受け入れてしまった。それまで自国の文化をそれほどもたず、文字さえも、インドのサンスクリット文字を模倣して、あらたに作ったほどですから、チベットは比較的素直にインドの文化を受けついでいるのです。ここにすでに中国とは、受け入れ方からして決定的な違いが出てまいります。日本はこの中国の文化を継承しておりま す。ですから、私たちがチベットの文化を知りたいという熱望をもって、十数年前から、ヒマラヤの山奥へ何回も調査隊を送りましたのも、中国的に変形されていない密教を研究したい、という理由があったわけです。しかし、ネパールの奥地へ出向きましても、その仏教はヒンドゥー教的に変化してしまっておりました。そして、ラダック地方で出遇った古い時代の寺堂の建築や壁画こそが、私たちのながらく求めていた、インドからの直輸入の仏教だったのであります。あるいは、中央アジアの、シルクロードの匂いを濃厚にただよわせているものでありました。

こうして、とうの昔に失われたと思われていた、インド密教の遺品と遺跡に、はからずもめぐり合ったわけであります。そしてまた、三次にわたる学術調査を整理することによって、さらにいろいろ、新しい事実が発見されることが、期待されておりま す。

曼荼羅の変遷と展開

曼荼羅と申しますと、私たちがよく知っておりますのは、「胎蔵界」と「金剛界」のふたつであります。ところで、日本では「胎蔵界」曼荼羅といいますが、こう呼ぶのは、本来まちがっております。原語からみて胎蔵には「界」という意味はありません。「胎蔵曼荼羅」、そして「金剛界曼荼羅」と呼ぶのが正しいのです。

この胎蔵曼荼羅と金剛界曼荼羅を、現在、私たちは「両部の曼荼羅」または「両界曼荼羅」といっております。ふたつは一対《つい》になっているのです。ところが、実はこれこそ、まさに中国的な変形なのであります。インド密教史からいうと、まず、胎蔵曼荼羅ができ、それが金剛界曼荼羅に発展する。そして、金剛界曼荼羅は、さまざまな変化形をつくっていく。これがインド密教のなかの曼荼羅の大きな流れであります。

胎蔵曼荼羅は、『大日経《だいにちきょう》』という経典にもとづいて描かれ、金剛界曼荼羅は、『金《こん》剛頂経《ごうちょうぎょう》』について描かれたものであります。『大日経』と『金剛頂経』の二つの経典は、日本の真言宗の教理とか儀礼の基礎をなす経典として有名ですが、今日ではこの両経は、およそ七世紀ころできたというのが定説で、インド密教でも重要視されるものです。

それまでの密教が、どちらかといえば、病気治しとか、富貴を願うといった現世利益に傾いていたのに対して、これらの経典では、悟りの問題、つまり仏になる方法が、具体的に説かれるようになったことと、組織的な曼荼羅を作りあげたところに、思想史的な意味がございます。

「ラダックへ行ってきて、金剛界曼荼羅の話ばかりするじゃないか」と、よくいわれるのですが、じっさい、ラダックには、金剛界の曼荼羅しかありません。「胎蔵界曼荼羅が、どうしてなかったのだ?」とも聞かれます。日本人は、曼荼羅といいますと、このふたつがいつも対になっているのを想像いたします。真言宗のお寺で曼荼羅を見ますと、金剛界と胎蔵とふたつ並べてあるものだから、ラダックでもかならず、対で並んでいるものと思うわけですね。しかし、実際はそうではありません。ラダック地方だけではなく、チベット文化圏では、胎蔵曼荼羅の作例はきわめて少ないのです。この両者を対にして並べたのは、実は中国なのです。

このふたつの曼荼羅を対にするという思想は、「理」と「智」という問題に関連しております。日本では、胎蔵曼荼羅は理、金剛界曼荼羅は智の曼荼羅とされています。理とは、見られるものについて、智とは、見るほうの立場に立って、と対照的に考えるわけです。つまり客体と主体の問題で、胎蔵曼荼羅は客体、金剛界曼荼羅は主体と

胎蔵曼荼羅

考えられております。中国で、このような形で対にしたのですけれども、もともと曼荼羅が、主体と客体の概念を持っていたのではありません。中国人は、昔から「二元論」ふうに、ふたつのものを並べて、対立的に考えるのが好きなのです。

　曼荼羅というものは、もとはお城をまねた絵だったのですね。ですから、胎蔵曼荼羅も、私たちがいま見るような、妙な縦長の形ではなく、もともとは、四角な城閣になぞらえられていたのです。

　ところが、胎蔵曼荼羅では、理念的に、上のほうに文殊《もんじゅ》院と釈迦《しゃか》院とを、二層に分けてどうしても付け加えなければならなかった。釈尊の教化活動を特別にとりだして、仏の衆生救済の慈悲を強調する必要が生じたからであります。

　すると、上に合わせて、下も虚空蔵《こくぞう》院と蘇悉地《そしつじ》院のふたつに分けることになりました。そうすると、縦横の対称形《シンメトリー》がこわれてしまうので、今度は横の仏菩薩を増やすことになる。現在の胎蔵曼荼羅は、このようにして、もとは方形であったものを、だんだんふくらませてできあがってきたのであります。観音《かんのん》院と地蔵《じぞう》院などの両横に並ぶ菩薩は、もともと一列であったものが現在では三列になってしまったというわけです。

また、九つの枠から成る金剛界曼荼羅のほうも、かなりふくらんでおります。私たちは、「金剛界九会《くえ》曼荼羅」、いわゆる「現図曼荼羅」の九つの枠を、中央から下へ、そして左下から時計回りに、成《じょう》（身会《じんね》）、三《さん》（味耶会《まやえ》）、微《み》（細会《さいえ》）、供《く》（養会《ようえ》）、四《し》（印《いん》会《ね》）、一《いち》（印会《いんね》）、理《り》（趣会《しゅえ》）、降《ごう》（三世羯磨会《さんぜかつまえ》）、降（三世三昧耶会）と、その名を呼んでおりますが、中心は中央の成身会（会はグループ）で、ここに金剛界の三十七尊が入っています。成身会だけでも金剛界曼荼羅と呼ばれます。あとの八会はみな、この成身会の変化形なのです。

金剛界曼荼羅の本来の意図は、成、三、微、供までの四会で完成しております。ところが三十七尊とか、五十三尊とかいう膨大な曼荼羅になってまいりますと、複雑すぎるという理由で、

四印会	一印会	理趣会
供養会	成身会（羯磨会）	降三世羯磨会
微細会	三昧耶会	降三世三昧耶会

金剛界九会曼荼羅

自然に簡略化が起こってくるのですね。全体から代表を選びだして四つにまとめた曼荼羅が、第五番目の左上部に位置する四印会であり、もっと簡単に、大日如来一尊にしてしまったのが、中央上部の一印会という曼荼羅であります。ですから、金剛界曼荼羅はせいぜい一印会までの六会で完結してもいいわけなのです。

しかし、胎蔵曼荼羅で増やしたのと同じように、これも六つではどうにも図柄として安定が悪く、格好がつかない。では特別にもう一列右側に足そうか、と理趣、降三世羯磨、降三世三昧耶の三会の曼荼羅を加えました。理趣会は、真言宗でよく読まれる『理趣経』という経典と関係のある曼荼羅です。降三世羯磨、降三世三昧耶の両会は、『金剛頂経』の第一品《ぼん》（第一章の内容）にあたる「金剛界品」が一印会までに表わされたので、第二品の「降三世品」では十種説かれている曼荼羅の最初の二つだけを、ここへ格好をつけるために入れて、残りの八つは省略してしまいました。降三世羯磨会は、単に「降三世会」とも呼び、羯磨は「かつま」と読み、儀式・作法の意味であります。降三世三昧耶会は、「三昧耶形《さんまやぎょう》」で表現した曼荼羅であります。

これが、いま日本に伝わる現図の金剛界曼荼羅です。中途半端な姿をしているのです。やはり、経典の記載に従えば、金剛界品と同じように、微細会や供養会、そして、あと八つつけなければならないのに、ふたつだけですまして事足れりとしている。これはあくまでも、対称ということを考えたためであろうと思われます。これも、中国を通ってきたから、こういう格好になってしまったのであって、本来的なものではないのです。

ラダック地方の調査で驚きましたことには、日本の「現図曼荼羅」は、九つが一セットに組まれた曼荼羅でしたが、ここではひとつずつあることでした。日本の曼荼羅と見くらべて、ぜんぜんちがうのです。「マンダラ――出現と消滅」展で大方の目にふれたような曼荼羅が、アルチ寺の三層堂の二階の四壁に十種類ほど、ずらっと並んでいるのは壮観です。

日本に伝わる曼荼羅は、九会の曼荼羅が一セットになっておりますが、ラダック地方のそれは、ひとつのお堂のなかに日本では見たことのない曼荼羅が一つずつ並んでおりました。また、経典に書かれているだけで実物を見ることのなかった、金剛界系の他の種類の曼荼羅もいくつか発見いたしました。中国的な変形をしていない、インドの本源的な曼荼羅と、いままで知られていなかった曼荼羅が、ラダックにあったということです。そして、経典とつき合わせてみると、それらは日本のものより、多くの点でよく合致する。ですから、これらの曼荼羅（胎蔵曼荼羅はラダックにないので、金剛界曼荼羅）は、こうした意味で、これまでの日本の曼荼羅についての考え方を、ガラリと変えてしまうようなものであったわけです。

この曼荼羅のうち、金剛界三十七尊と、いま日本にある「現図曼荼羅」とを比較していただきますと、かなり配置が違うことがおわかりになると思います。

また、日本の曼荼羅には色がございません。色がない、というか、同系色で塗り分けられているのがほとんどです。ところが、ラダックの曼荼羅は、諸仏ごとにみな色が違い、厳密に経典の記載と対応している。経典の上では、やはり、色をつけるように書かれているのです。日本にきたときには、ほとんどそうした色がなくなって、仏、菩薩が同じ色で塗られるようになっておりました。曼荼羅の中心におられる大日如来の色は、真理そのものの人格化だから、白です。思想的には、永遠性と普遍性を表わしています。真理は永遠でなければならず、どこにでも存在しなければならない。永遠で普遍的なものとは白なのです。つまり無色透明であります。日本の真言宗や天台宗のお寺では、不動さんや観音さんはたくさん祀られているのにひきかえ、大日如来はあまり祀られておりません。なぜか、と申しますと、それほど絶対的で、近寄りがたいためであろうかと思われます。

白というのは、光の三原色を重ねたときのような透明という意味ですね。ところが、目にみえない色をなんとかとらえ、表現したい。どこかで、とっかかりをつかみたいわけです。そこで白が、四色に分かれてでてきます。これが、青・黄・赤・緑——ただし、この青とは、だいたい黒のことです。また、緑とは、実際は緑の色をした交通信号でも「青」というように、青ですね。となりますと、曼荼羅の五仏の色は、白と黒と、そして三原色を使ったことになってまいります。それらが、大日如来（白）を中心に、阿閦《あしゅく》（青）・宝生《ほうしょう》（黄）・無量光《むりょうこう》つまり阿弥陀《あみだ》（赤）・不空成就《ふくうじょうじゅ》（緑）という金剛界四仏の関係になっている。すなわち、大日如来のもつ真理の永遠性・普遍性というものを、四つの仏たちに分けたわけであります。ちょうど、無色透明な太陽の光を、プリズムに当てて七色に分けたように、宇宙の絶対的な真理である無色透明な大日如来の徳が、こういう基本色をまとって四仏に分けて現われるのであります。

大日如来のまわりの四人の仏は、いろいろなジェスチャーをしております。手に結んでいるのを「印契《いんげい》」、略して「印」と申します。印はそれぞれ異なります。色も、持ち物つまり三昧耶形も、台座の動物も、みな違う。これらの印と色と座と三昧耶形は、個々の仏の性格を象徴的に表わしているのです。これらの印とか色とか、方位、持ち物など、それぞれに象徴的な意味をもっておりますが、四仏のうち阿閦は大日如来の永遠性を、宝生は価値性を、無量光は慈悲性を、不空成就は行動性をというように、四仏はそれぞれ大日如来の性格を四分して受けもっているわけです。こうして、

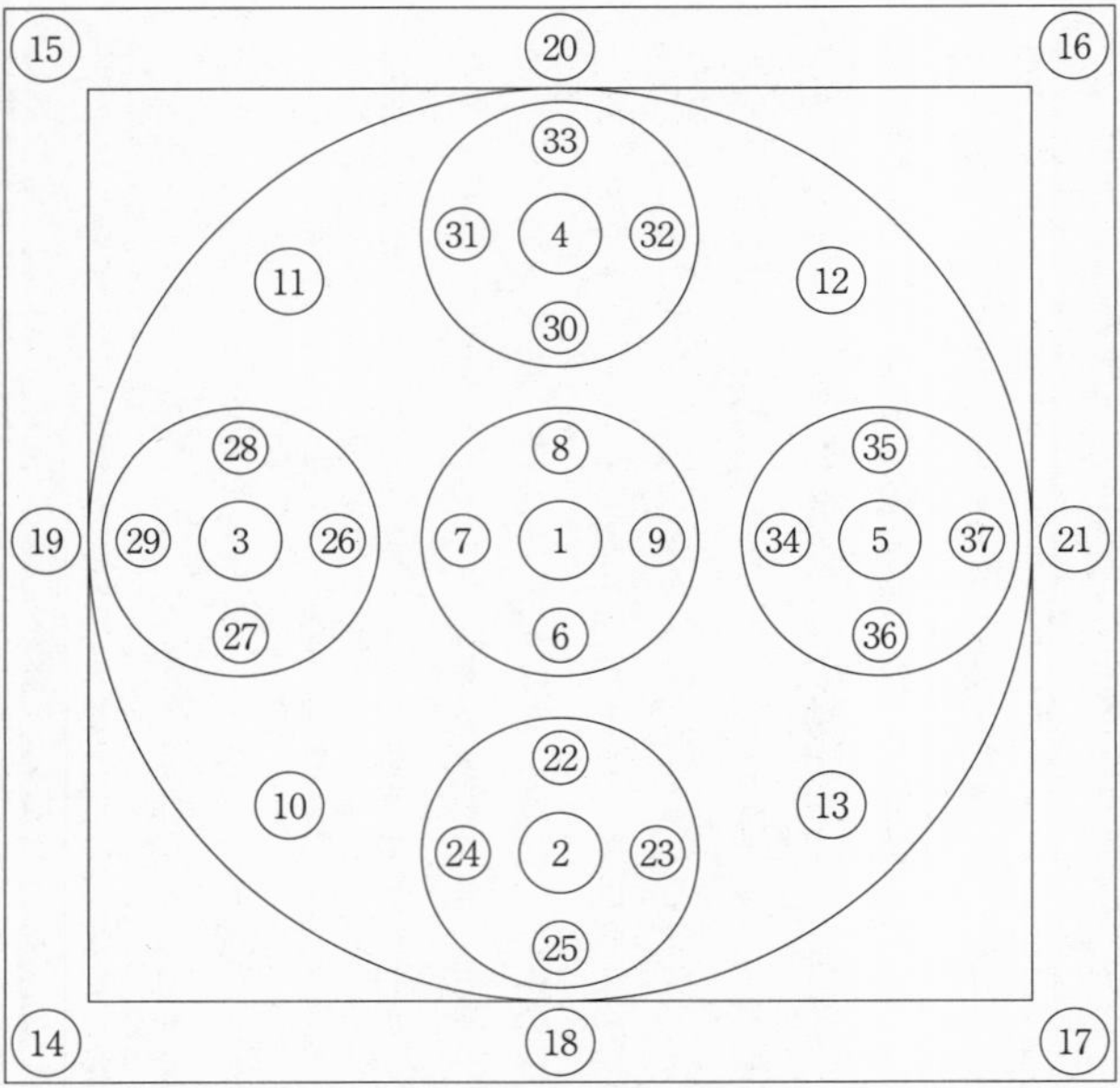

現図曼荼羅成身会三十七尊配置図

〔内四供養女〕10 金剛嬉女（白），11 金剛鬘女（黄），12 金剛歌女（赤），13 金剛舞女（緑）。

〔外四供養女〕14 金剛香女（白），15 金剛花女（黄），16 金剛灯女（赤），17 金剛塗女（緑）。

〔四摂菩薩〕18 金剛鉤（白），19 金剛索（黄），20 金剛鎖（赤），21 金剛鈴（緑）。

〔十六大菩薩〕22 金剛薩埵（白），23 金剛王（黄），24 金剛愛（赤），25 金剛喜（緑）以上，阿閦の所属。26 金剛宝（黄），27 金剛光（赤），28 金剛幢（青），29 金剛笑（白）以上，宝生の所属。30 金剛法（白），31 金剛利（青），32 金剛因（黄），33 金剛語（赤）以上，無量光の所属。34 金剛業（緑），35 金剛護（黄），36 金剛牙（青），37 金剛拳（黄）以上，不空成就の所属。

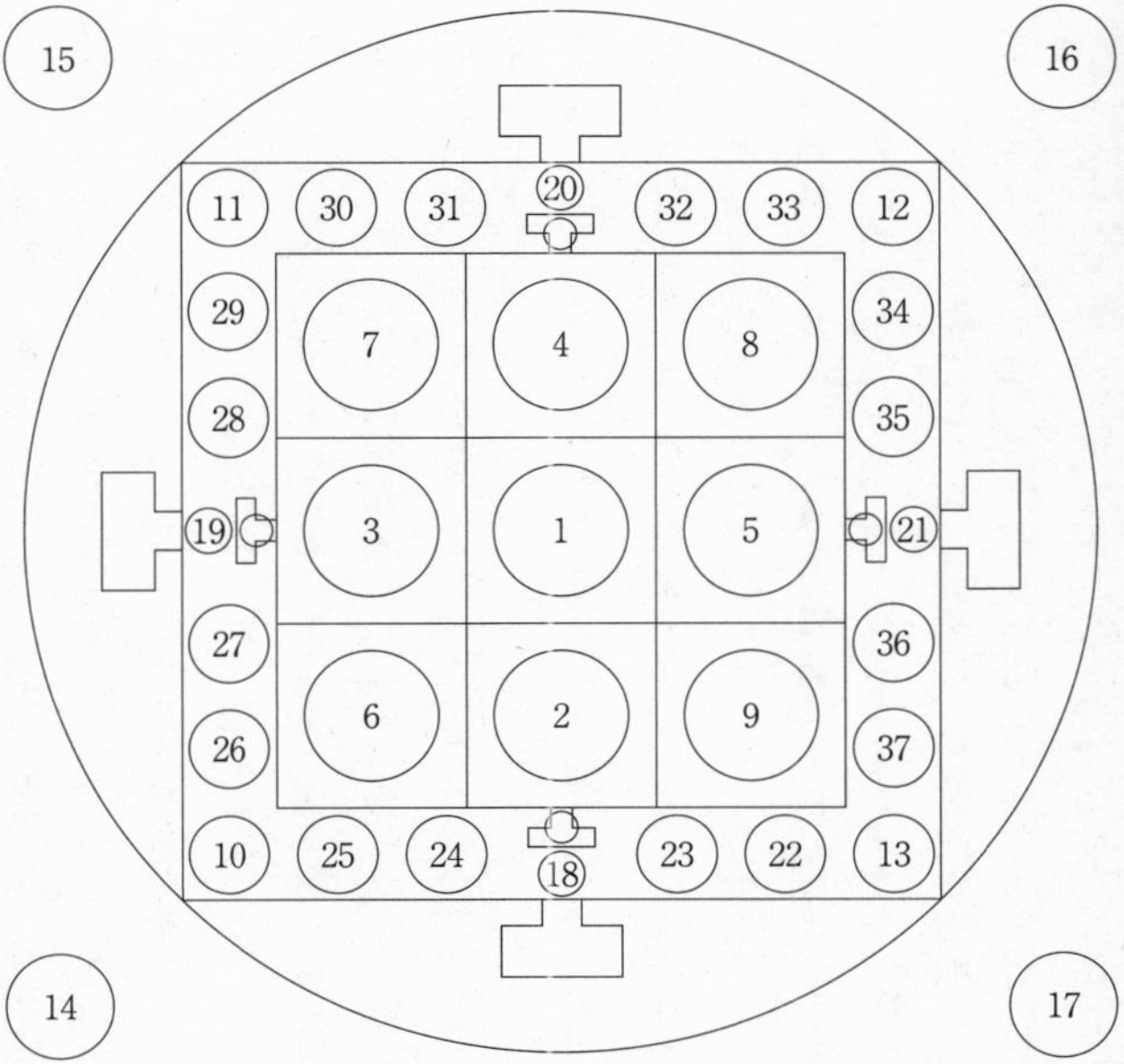

アルチ寺金剛界曼荼羅三十七尊配置図

	五仏	部族	方位	身色	印契	座	三昧耶形
1	毘盧遮那	如来	中央	白	智拳	獅子	五鈷
2	阿閦	金剛	東	青	触地	象	金剛
3	宝生	宝	南	黄	与願	馬	宝
4	無量光	蓮華	西	赤	定	孔雀	蓮華
5	不空成就	羯磨	北	緑	施無畏	金翅鳥	羯磨

〔四金剛女〕6 薩埵金剛女（白もしくは青），7 宝金剛女（黄），8 法金剛女（赤），9 業金剛女（緑）。

大日（毘盧遮那《びるしゃな》）を加えて阿閦、宝生、無量光（阿弥陀）、不空成就の五部族に系統づけて、八百万《やおよろず》の神がみを全員包括していこうとしたのが、曼荼羅であります。

ですから、もともとヒンドゥー教の神であろうと、チベット土着の民間信仰の神であろうと、どんどん曼荼羅のなかへ抱えこんできた。この意味で、曼荼羅とはなにかというと、包摂だともいえるのです。一切合財、仏教以外の神も含めて、取り入れていく。そして、異教の神がみは仏教のものにかえていく。この働きなのです。それを四仏の性格によって分類していった。これが金剛界曼荼羅であり、胎蔵曼荼羅であるわけです。

両部の曼荼羅とも、中心部に五仏がいて、それぞれ手にさまざまな印を結んでいます。方位は、胎蔵曼荼羅では東が上、金剛界曼荼羅では西が上になっています。そのうち阿弥陀如来は、どちらの曼荼羅でも西に配置されていますが、他の三如来は胎蔵と金剛界の両曼荼羅では、名と場所が違いますが、印が等しいことに気づきます。つまり、西方の阿弥陀以外の三如来は、阿弥陀から順に右回りに送っていきますと、金剛界曼荼羅でも胎蔵曼荼羅でも、同じような印を結んだ仏がいることがわかります。

もともと曼荼羅は王城を模したものであった、と前に申し上げましたが、王城のなかにまっさきにでてくるのは門番です。四天王がいちばん早く、四世紀以前にインドでできた経典に現われます。東西南北の各門を守る衛将ですね。その次に、四仏がでてくる。まんなかはなかなかでてこないで、まわりがさきにできるのです。

四仏のなかでは、阿弥陀と阿閦が非常に古い仏であります。阿弥陀如来は西の仏であるということは、紀元前にすでに、インド人のあいだで信じられておりました。ですから、大乗仏教でもかならず西です。阿閦如来は、いま日本ではあまり親しまれておりませんが、阿弥陀が西なら阿閦は東、と古代インド人の間では決まっていました。宝生と不空成就については、古代インドで、なぜ宝生が南で、不空成就は北でなければならなかったか？　この研究はまだ行なわれておりませんが、たぶん、これもインドの古いものを探していけば、わかってくるのではないか、と思っております。

古代インド人にとっては、仏尊の位置がきっちり定まっておりました。こうして、王城、すなわち曼荼羅のなかに、四仏が配置されることになります。四仏が経典の上に現われるのは、だいたい四世紀ころですね。

七世紀ころになると、『大日経』や『金剛頂経』ができる。このころまでに、ヒンドゥー教がずいぶん盛んになってまいります。そして、ヒンドゥーの神がみを取り入れながら、大乗仏教はたくさんの仏、菩薩をつくりだしていく。まさに仏さまのインフレですね。そうなりますと、それをバラバラにしてはおけませんので、なにか整理の必要が生じました。そこで、だいたい六世紀から七世紀にかけて、前に申し上げた四仏の性格に応じて、四つに整理していくのであります。方位の基本である四という数字で、膨大な数に上る仏、菩薩を整理していって、大勢の仏尊が居並ぶ曼荼羅ができあがってまいります。

したがって曼荼羅は、仏尊たちがなんとなく並んでいるわけではなく、すべてそれなりの理由があって、必然的にあるべき場所にそれぞれ場を占めているのであります。そして、仏尊たちのもとをただせば、バラモン教やヒンドゥー教の神がほとんどです。民間信仰出身の神さまのほうが多いくらいで、はじめから仏教出身の〝素性の正しい〟仏や菩薩のほうが少ないのです。

胎蔵曼荼羅は、まさに包摂の極みともいえ、たくさんのものを集めてきます。とにかく密教のよいところは、異分子を除外しない。大きいふろしきを拡げて、なんでもかでも抱えこんでしまう。抱えこんだうえで、仏教の理念で整理していく。そして、少しずつ外教のものを仏教的なものにかえていこうとするわけであります。

金剛界曼荼羅ではどうなってくるかといいますと、今度は、仏教のなかでもずっと進んだ理念によって整理されてまいります。「金剛界」曼荼羅では、大日如来と四仏以外の仏尊に、金剛なにそれ、金剛なにかれと名前がついております。「金剛（ダイヤモンド）」というのは、仏教なのだぞ、というしるしですね。出自はいざ知らず、おまえはもう仏教の仏になっているのだ、と名前をつけかえてしまうわけです。その点、胎蔵曼荼羅に出てくる仏尊では、この素性がわかります。したがって、まだインドの民間信仰の臭いがする。しかし金剛界曼荼羅は、もともとのヒンドゥー神でもなんでも、名実ともに、仏教の仏や菩薩になりおおせてしまっていると言えるわけです。

弘法大師や伝教大師が中国から密教を持ち込んだのは、だいたい九世紀の初めでした。八世紀までの中国の密教を持ってきたのであります。ですから、日本密教は七世紀ころまでのインドの密教を伝えていることになります。ところが、密教はそれ以後も、まだまだインドで連綿と発展し、金剛界曼荼羅だけが威勢よく拡がっていくのであります。

せっかくこれだけ、金剛なになにという仏教の名前をつけて整理しておきながら、もう一度、金剛界曼荼羅の系統をひく後期の密教では、ふろしきを拡げはじめるわけなのであります。八世紀以後に、インド社会ではヒンドゥー教がきわめて盛んになってくるからであります。金剛界の曼荼羅が、大日如来と、阿閦、宝生、阿弥陀、不空成就という五仏五族のシステムで定まっていたにもかかわらず、またもや、大幅にヒンドゥー教の神をとり入れはじめる。そうすると、八世紀以後のインドでは、それまで金剛界五仏のなかでも、大日如来が中心であったのが、忿怒尊《ふんぬ》のほうが力が強くなってまいります。忿怒尊が中央に坐り、大日如来が格下げになってしまう。ですから、曼荼羅のなかには、忿怒形の阿閦如来の青が中心で、大日如来の白が下になっているものがあります。後期密教の曼荼羅で、このようになっているものに気づかれることがあるかと思いますが、これは、日本に伝来した金剛界や、まして胎蔵の曼荼羅にはなく、それ以後の曼荼羅でみられることです。また、「マンダラ——出現と消滅」展に際しまして、チベット僧によって製作されました「砂曼荼羅」でも、中央は阿閦如来を象徴する青でした。この砂曼荼羅は、明らかに後期密教のもので、中央の白の大日如来と、下の青の阿閦如来とが主尊交代しているのです。

つぎに特徴的なのは、八世紀以後の後期インド密教の曼荼羅になりますと、女性尊が幅をきかせるようになることであります。ヒンドゥー教の女神がどんどん入ってくる。古代インドには、ノン・アーリアンの土着農耕文化があり、農耕ゆえに女性を尊重する母系制文化がありました。それがヒンドゥー教全盛とともに、地下水が湧きだすように復興してきたのであります。五仏までが女性に代わってしまう。男性の地位が低下して、曼荼羅の中央まで女性がのしてくるという形になってきます。また、男女合体像も、この時代から盛んに出てまいります。

こうして、後期の密教は、中期密教の金剛界曼荼羅が、わざわざ諸仏を包摂してきれいに整理しておいたのにもかかわらず、またまた包摂をはじめるわけであります。曼荼羅の中央は金剛界の原理ではありますが、そのまわりに、胎蔵曼荼羅と同じようにできるだけ多くの神を詰めこむということが行なわれる。ずっとたくさんの仏、菩薩が入ってくるのです。

そして、いちばん最後に、「カーラチャクラ曼荼羅」と呼ばれるものが、イスラムに滅ぼされる直前の、十一世紀ころにインドにでてきました。これも、多少傷んではおりますが、ラダックに残っております。これをたんねんに調べますと、いままでの総決算になります。ちょうど劇場のフィナーレに、出演者全員がもう一度出てきて、群舞するのとまったく同じ、まさに曼荼羅の大団円ですね。自ら、もうイスラムに滅ぼされると知ってか知らずか、とにかく、あるだけのものをぜんぶ詰めこんだ曼荼羅がこれであり、インド密教の曼荼羅の極致であります。包摂をして、腹いっぱい抱えこんで、金剛界の理念でいったん整理して、また包摂した曼荼羅の行きついた姿なのであります。またカーラチャクラ曼荼羅の一種に、あまりに詰めこみすぎて、描ききれなくなり、あげくの果てに、曼荼羅は、点と線と、そして三昧耶形《さんまやぎょう》という象徴や真言文字に化してしまうのまでございます。
インド密教と曼荼羅の展開を以上のようにみてまいりますと、ラダック地方で新しく発見された曼荼羅のほとんどは、日本の密教の曼荼羅と違うことがよくわかります。曼荼羅の成立過程を見渡していきますと、最後にカーラチャクラ曼荼羅までできて、包摂が最大限となる。そこで包摂の極致となり、幾何学模様になってしまうのです。包摂（胎蔵曼荼羅）と、整理と、仏教化（金剛界曼荼羅）。ふろしきを拡げて取り入れる。そして、それを仏教化していく。それであきたらず、また拡げていく。そして、思いきり拡げて、収拾がつかなくなって、描ききれなくなって、しまいに幾何学模様になってしまうのであります。

一連の調査を通じ、また、こうしたインド密教の曼荼羅の歴史をみてまいりますと、私はなにか非常に意味のある流れが、そのなかに見出せると思うようになりました。曼荼羅の流れ、展開のしかたに、捨てがたい味わいを感じたのであります。いままで日本に知られていなかったインドの金剛界曼荼羅と、その流れをひく後期密教の曼荼羅が、ほとんどラダック地方の寺にそろっていまして、まるで曼荼羅の博物館となっていたことも幸運でした。

ふつう私たちは、曼荼羅といいますと、日本の曼荼羅だけを思い浮かべがちでありますが、「マンダラ――出現と消滅」展で初公開されたラダック地方の曼荼羅のように、未発見の曼荼羅が、まだいくつもあるのであります。それらのなかには、たいへん色彩豊かなものがありますが、これは本来インド的なものであったからです。そのインドの密教のなかで、曼荼羅はどういうふうに変化してきたか、限られた紙数のなかでは詳述できませんでしたが、そのあらましをともかく申し述べました。それらの曼荼羅は、日本に伝わった金剛界曼荼羅とは類似点があるものの、日本にこれまで知られていた曼荼羅とは、多くの点で異なった型のものである、ということをここに紹介した次第でございます。

真言密教のおしえ

密教という言葉の使われかた

真言宗は弘法大師が開かれましたが、天台宗とともに、平安時代の日本仏教を代表する宗派であります。現在では一万数千の寺院と数百万の信徒をもち、日本仏教のなかでは有力な宗派の一つにかぞえられています。大師は三十一歳のとき、中国の都であった長安、現在の西安に留学され、青龍寺《しょうりゅうじ》の恵果和尚《けいかかしょう》からインド伝来の密教の法灯を授けられ、日本に正系の密教をもち帰られました。真言宗の教理や行法は、インドから伝えられた密教に基づいて、弘法大師が組織だてられたものです。

真言宗の教えのもとになるのは密教ですが、現在われわれはこの密教という言葉をいろいろな意味に使っているようです。日常生活のなかで、ちょっと理解できないような不思議な現象をおこすもとになるようなものが、普通、密教と呼ばれています。

たとえば修行を積んだ行者が、死霊を呼び出して話をしたり、遠く離れた人の消息をピタリと言いあてたり、普通の人にはとてもやれないような超能力を示すことなどです。数年前に、アメリカからユリ・ゲラーという術者が日本にやってきて、大変な評判になったことがあります。テレビなどに出演して、念力でもってスプーンを曲げてみたりしました。あるいはエクソシストという怪奇映画に、大勢の人たちが押し寄せました。こうしたオカルト・ブームは一時的な徒花《あだばな》であったわけですが、おかげで、密教とはあのような種類のものだという誤った考えを、人びとの間に広く植えつけてしまったようです。

また弘法大師が真言宗をお開きになった平安時代は、物怪《もののけ》とか怨霊《おんりょう》などが活躍した時代なので、平安時代を代表する密教に対して、呪術的、閉鎖的、原始的な宗教というレッテルがはられてしまいました。そのためでしょうか、世界の原始宗教でよくみられるような神降《かみおろ》しとか、真夜中に人形に釘を打つ丑《うし》の刻《こく》参りとか、星占い、こういったもの、あるいはごく少人数の行者集団のなかでひそかにとり行なわれ、一般の人には伺い知ることのできない秘密結社の宗教が、密教だと一般に考えられたようです。

こうした傾向は、密教のなかにまったくないわけではありませんが、それがすべてではありません。いやかえってこのような一般の人たちがもっている先入観は、密教の本当の姿をゆがめてしまっており、残念ながら誤解が広く人びとの間に根づいてしまったといわなければなりません。やはり早いうちに誤解はといておく必要があります。

弘法大師によってもたらされた密教、つまり真言密教は、奇怪な呪術でもなければ、秘密結社的な外部の人に閉ざされた宗教でもありません。その本当の姿を知らないで、平安時代の真言宗のお坊さんたちが、貴族の現世利益《げんぜりやく》的な信仰を助長したからといって、密教を低級なご利益宗教だときめつけてしまうのは、いささか早とちりというものでしょう。

われわれは日常生活をおくるとき、他人と意見が対立したり、あるいは憎悪の感情をむきだしにして争ったりすることがあります。そのとき、力でもって対決し、力の強い方が相手を屈服させ、ときにはペッシャンコにたたき伏せることもあります。思想とか文化といったものでも、二つの違ったものが出会った場合、どちらかすぐれた方が生き残り、劣った方が消えてなくなるといったことが、西洋の文化の場合はよくあります。ところが東洋の文化の場合は、ちょっと調子が違うようです。違った思想とか文化を完全になくしてしまわないで、どれほどみすぼらしく、力のないものでも、それを吸収してしまいます。どれほど劣ったものでも、どこかにとりえというものはあるものです。欠点ばかりというものはおそらくないでしょう。長所が少しでもあれば、たとえ昨日まで敵対関係にあったものでも、自己の傘下に入れこんでしまって、その長所を生かして、使っていこうとするのが、一般に東洋の人たちの考えかたの底にあります。

仏さまと神さまを一緒におまつりしたり、民間信仰を仏教に取り入れたりするのは、日本独特の習慣というよりも、東洋文化の一般的な特色というべきでしょう。現在われわれの周辺を見渡せば、日本固有のものだと信じているもののなかに、古代インドの哲学も、シルクロードの風俗も、中国の伝統的な思想とか習慣なども、いろいろ形を変えてまぎれ込んでいるのに驚かされることがよくあります。

密教はまた東洋思想のこういった特色を、そっくり受け継いでおります。密教はその根底に大乗仏教の思想を踏まえた上で、古代インドから中国、あるいは日本のいろいろな宗教とか哲学を包みこんでおります。それは宗教とか哲学の分野だけではなく、数学、医学、天文学などの自然科学も、密教経典にはふんだんに取り入れられております。現在、真言宗のお寺で、星祭りの祈禱が行なわれるのも、もともと密教が天文学と密接な関係をもっていた名残りといってよいでしょう。

密教は東洋文化のもつ特色の一つであるすべてのものを包みこむ包容性をそのまま受け継いでいます。密教はインドの民族信仰から、呪術、妖術、さらには自然科学までを包みこみ、大乗仏教の思想に基づいてそれらを整理し、自己の体系のなかに組み入れてしまいました。呪術とか妖術といった密教の構成要素の一つ一つが、それだけで密教そのものであるように誤解されてきたのも、こういった理由によるところが大きいようです。われわれは密教の表面的な、あるいは部分的な性格に目を奪われることなく、密教の本当の姿を、つぎにたずねてみたいと思っております。

みる目の違いでねうちが違う

密教という言葉は現在いろいろな意味をもって使われていることがわかりましたが、では一番肝心な意味はなんでしょうか。密教というのは顕教《けんぎょう》と対になる言葉です。弘法大師は『弁顕密二教論《べんけんみつにきょうろん》』という著述のなかで、密教が顕教に比べてすぐれている点をお説きになっておられます。くわしくはそちらをごらんになっていただくことにして、ここでは簡単な区別から申しあげましょう。

顕と密という言葉は、もともと大乗仏教の経典とか論書に出ておりまして、そこでは仏教の教えを表面的な意味で受け取るのが顕であり、それから一歩踏みこんで、本質的な理解に達するのが密だとされています。

このように顕と密とは、教えそのものに相違があるわけではなく、あくまでも同じものに対して受け取りかたの違いをいっているにすぎません。われわれは日常生活のなかで、厭な奴だと思っていたが、親しく付き合ってみると、本当は気さくないい奴だった、というような経験がよくあります。最初の表面的な評価が顕で、後のみかたが密というわけです。時間がたって、その人が別人に生まれ変わったということではありません。

弘法大師は『般若心経秘鍵《はんにゃしんぎょうひけん》』という書物のなかで、つぎのような面白いたとえ話を出しておられます。すなわち、道端に生い繁っている草を見て、普通の人であれば、単なる雑草として見過ごしたり、踏みにじったりする。ところが、医学とか薬学の心得のある人がその草を見れば、これは腹痛にきく、あるいは神経痛の特効薬だというように、なんでもない草に、薬となる部分を含んでいることがわかる。あるいは邪魔だと思ってけとばしてしまうような石ころでも、鉱石学を心得た人であれば、そのなかに宝石の原石を含んでいることに気がつく。こういう具合に、同じものを見ても、本質的なものを見抜く目をもった人とそうでない人とでは、ものの値うちが正反対になってしまうのです。

日常生活のなかにあって、ものごとを表面的に見るか、本質を捉えるかの差は、そのご当人の生活経験とか、知識あるいは人生観によって生まれてきます。それとともに、宗教的な意味での、顕と密の相違は、その人のもつ宗教体験の質の差にあるといってもよいでしょう。経典をじっくり読んでも、通り一遍の理解しかもてない者もいれば、ちょっと見ただけで、言葉の奥にひそんでいる深い意味をしっかり把握してしまうすぐれた人もおります。その場合、差はご当人が日常の生活経験を積んでいるとか、知識が豊富だといったことによって生まれてくるわけではなく、むしろその人が真実を見通す目をもっているかどうかによってきまります。

密教の密という言葉は、秘密の密であります。普通、秘密というときには、ものごとを隠して、一般の人に見せないという意味だと考えられております。密教は奥深い教えであるから、一般の人には秘密にして、公開できないというのが普通の理解のしかたです。たしかに秘密にはこういった意味があります。わが国でも、中世以来、武術とか芸能の分野で、真髄は秘伝とか奥伝として、師匠から限られた弟子だけに伝えられてきました。密教でも、法は師匠から弟子に対して、一対一の関係をもって授けられるのが本来の姿であります。そうすることによって、伝えられた法の値うちは高まるし、むやみやたらに法があちこちに流れていくという弊害も防ぐことができるでしょう。

しかし秘密というのは、伝えるのが惜しいから隠しておくという意味だけではありません。汲めども尽きせぬ味わいをもち、特殊な行によってしか到達できない教えを、一般の人に開放すれば、どのようなことになるか。未熟な者に奥深い内容は正しく理解されず、本意をひん曲げて解釈されたりするおそれがありましょう。さらにまた、初歩の宗教的な訓練しか受けていない者に、高度な肉体的な修練を課したならば、益よりも害のほうがはるかに多いに違いありません。小学生にウルトラCの体操を教えても、大けがをするだけです。教えを万人に伝えれば値うちが減るから、秘密にしておくということではなく、むしろ受け取るほうの素質が、その教えとか行を受ける段階まで到達していないので、当人のために秘密にされ、隠されているというのが本当の意味なのです。

それとともに、秘密にはもう一つの大切な意味があります。すなわち真実なものは隠されているのではなくて、いつも万人に対して開放されている。ところが人びとのなかには、それを受け取るだけの宗教的な体験を積み、それだけの素質をもったものと、そうでない者とがいる。受け取る側の素質が、それにふさわしいか、ふさわしくないかによって、もともと誰にでも開かれた教えも、ある場合には秘密になってしまう場合があります。禅のほうには拈華微笑《ねんげみしょう》という話があります。お釈迦さんが説法されていたとき、だまって花をひねられたら、お弟子さんたちのなかで、大迦葉《だいかしょう》というすぐれたお弟子さんだけが、その意味がわかって、にっこりほほえんだという有名な話です。お釈迦さんのお弟子さんたちはみんなそれを見ていたけれど、多くの人たちには秘密であった。ただ一人大迦葉だけには開かれていたということです。

弘法大師は『弁顕密二教論』のなかで、秘密の意味を二つに分けておられます。受け取る側の能力に応じて公開する秘密を如来の秘密といい、受け取る側の宗教体験のあるかないかによって理解できるか、できないかがきまる秘密を、衆生《しゅじょう》の自秘《じひ》と名づけられています。密教の秘密という言葉の本当の意味は、衆生の自秘にあるとみてよいと思います。

どのようにすればものの奥底を見通す目がもてるか

ものごとをうわべだけの姿や形にまどわされないで、核心を衝く見方は、どのようにして身につくのであろうか。本を読んだり、すぐれた人の話を聞いたり、荒行をやったり、そういった知識とか苦行をいくら積み重ねても、直接、本当のものを見通す目はできてきません。われわれが日常生活をおくるとき、大小とか、善悪とか、高低とか、優劣とか、こういった対立的な見方を基礎にして、判断を下している。ところがこういった相対的な観点からものを見るだけでは、ものごとの本当の姿が見えてこないのです。対立したものの考えに支配されず、大局的に全体を見通す立場から、すべてのものの相互の繋がりのなかで眺めることによって、ものの本質が見えてくる。憎い奴だという固定した考えに固執していては、いつまでたっても他人のあらばかりが目につきます。愛憎といった対立する考えかたから離れて、その人を観察すれば、いい点だって目にとまるし、憎いと思っていたが案外かわいそうな人だということがわかって、かえって同情の念もわいてこないともかぎりません。現実世界だけではなく宗教的な生活のなかでは、さらに一段と高い仏さまの立場からものを見る目を育てなければならないでしょう。

密教の根本のご本尊である大日如来とは、このような日常性を越えた目をもった仏さまであります。大日如来は過去、現在、未来を通じて永遠で、しかもあらゆるところにいらっしゃる普遍的な仏さまで、宇宙全体を包みこんだ大きないのちの根元といってよいでしょう。仏教では現実世界にあるものは、永続的な実体があるとはみないで、それはもともと空《くう》なのだと説きます。密教ではこのような空の境地を、本不生《ほんぶしょう》といいます。つまり過去、現在、未来を通じて、生じたり滅したりすることの本来的にないことが空であり、それだけにそこは時間と空間に支配されない自由自在な働きの可能な場所でもあります。それは大日如来そのものであり、大宇宙の大きないのちのもとといってよいでしょう。この場合、いのちといっても、母胎から生まれ、やがて死んでいく人間とか生きもののいのちではなく、生物、無生物を含めた大自然が本来的にもっている宇宙的な規模のいのちを指す言葉なのであります。

こうした観点からすれば、現実世界の一切のもの、人間とか動物、さらには山川草木にいたるまで、すべてがこの大宇宙のいのちの一部分であることがわかります。われわれの肉体も精神も、自分一人だけのもののように思いがちであります。けれども自分も他人も、鳥も獣も、もともと同じ大宇宙のいのちのあらわれなのです。

われわれ一人ひとりのいのちが、宇宙の大きないのち、大日如来のいのちの一部であるとともに、われわれ個々の存在のなかに、如来の大きないのちが宿っている。こういった関係は、われわれの日常使っている論理でもって、納得のいく説明をえるのは困難なことです。それは理性の働く理屈の範囲ではなく、宗教的な直観の領域だといえましょう。

仏教ではこうした直観を、瞑想によって身につけます。禅定《ぜんじょう》とか瑜伽《ゆが》といわれるものがそれに相当します。お釈迦さまも、苦行が空《むな》しいものであることに気づき、ものごとの本質を見通し、真理の世界に入るために、菩提樹の下で禅定を続け、ついに悟りに到達されました。密教では、禅定とともに、瑜伽すなわちヨーガの方法を説いております。ヨーガは現在わが国ではヨガという名で親しまれ、アクロバットのような体操とか、美容体操の一種だという風に考えられています。しかし本当は、わたしという小さな宇宙が、大日如来という大きな宇宙と、もともと一体であることを、身をもって知る観法、つまり宗教的な瞑想法なのです。

瑜伽の行によって、小さな自分とあらゆる存在物、さらには大きないのちである大日如来がもともと一つであることに気がつけば、現実世界にある一切のものが、すべてかけがえのない値うちをもっていることがわかります。欠点だけしか目につかなかったものが、すばらしい長所をもっていることに気づき、それまでのちっぽけな心が洗われる思いがすることでしょう。核心まで見通す目は、こういった自分と他のものを対立的にみる現実世界の論理と知識の働きを超えた境地において養われるものなのであります。

どのようにして日常生活をおくるか

自他の対立を超えた大日如来のいのちと一つになるためには、瑜伽の行があります。

しかしこの行を修するためには、いろいろ準備も必要ですし、なによりもよいお師匠さんにつかなければなりません。真言宗のお坊さんはこの瑜伽の行をおこなうのが日常生活でありますが、在家の人にはいつも瑜伽の行に入るというのは困難です。そこで在家の方がたには、瑜伽の行を簡略にしたもので、正面に𑖀すなわちア字を掲げて、それと一体となる𑖀字観という行が適当かと思います。ア字は梵字でも、アルファベット文字でも、アイウエオでも最初の文字で、ものごとの最初をあらわします。それとともに不生という意味のサンスクリット語の頭文字にも当るところから、それは本来不生という深い意味を象徴的に示し、大日如来の大きないのちそのものと考えられています。われわれはこのア字と一体となる瞑想によって、大日如来と一つになることができます。また写経にはげむことによって、それに近づくという方法もあります。弘法大師は、『般若心経』は空の哲学を説いた経典ではなく、そのなかに、大小乗、密教のすべての教えがこめられていると説いておられます。『般若心経』は冷やかな哲理を説いたものではなく、仏さまの悟りそのものをあらわす大きないのちのあらわれなのです。この経典を日夜読誦し、心をこめて書き写すことは、大宇宙のいのちそのものを自分のものとすることになります。

𑖀字観とか写経は在家の方にでも、どなたにもやろうと思えば出来ることです。ただ一日二日だけに終わってしまわないで、いつもそれを続け、日常生活のなかにとりこんでしまうことが大切でありましょう。こういった行いを毎日続けることによって、仏さまの大きないのちと一体となり、対立的な考えも自然になくなって、大きな仏さまのいのちに生かされている自分に気づくにちがいありません。

弘法大師は在家の方がたに対しては、恩についてよくお説きになりました。他人のことなどかまっておれないような忙しい現代社会にあって、恩という考えは古くさいものとして、現代人は教育の面でも、社会のなかでも、恩を正面きって取り上げようとしません。こんなにあなたのために努力した、あるいは働いたのだから、少しは恩にきてもらわねば、などという考えは、恩の押し売りで、本当に有難いという気をおこすところまでいかないでしょう。かえって反発を買って逆効果です。だからといって恩というわれわれ日本人の伝統的な考えかたを忘れてよいということではありません。自己主張が強くなっただけ、現代社会ではおかげさまという恩を感じる生活態度が消えかけようとしていることも事実です。

しかしわれわれの生活は、自分ひとりだけでなりたつものではないことは当然です。食べ物でも、燃料でも、衣服でも、たとえ自分のお金で買ったものであっても、何人もの力によって生み出され、地球の果てから運ばれてきたものです。目に見えぬおかげを受けて、われわれは毎日つつがなく日を送ることができるのです。一切衆生《いっさいしゅじょう》という考えは、仏教とともにわが国に入ってきたものですが、自分も他人も、そして仏さまも、お互いにきってもきれない綱によって一つに結ばれている。人間も動物も植物も価値に差はなく、平等だということを、はっきり示したいい言葉です。

大日如来の大きないのちのあらわれである一切衆生とわたくし、お互いに恩を受け、恩を返しながら生活を、過去から未来に向けて続けております。五本の指がすべて形も太さも違うから、かえって手は働きやすいように、現実世界に生きる人びとは、みんな能力や特性、環境が違うから、お互いに助けたり、助けられたりするわけです。それぞれの個性をとことん生かし、大日如来の大きないのちの分身であるわれわれを大きく育て、社会に力のかぎりお返しをはかっていかねばなりません。真言宗の教えは、理想を高く掲げるだけではなく、それ以上に現実生活を重要視するところに特色があります。それだけに仏教のどの教えよりも、現実世界で人びとのために奉仕活動することを重視します。真言宗で大切にされる経典の一つに『大日経』がありますが、そのなかには、「方便《ほうべん》を究竟《くきょう》とす」という有名な言葉があります。自分だけではなく、他の人や動物、植物までも、それぞれに与えられた特性を充分に発揮させ、それぞれに現われた大日如来のいのちの一部を、とことんまで生かしきらせるように生涯をかけて働きかける。こういった日常生活を続けていると、たとえ瑜伽の行を行なうことがなくても、その人のものの考え方は自己中心を脱して、全体のなかで、宇宙的な規模をもって、自分も他人も社会も見ることができるでしょう。在家のかたにとって、それはすばらしい生きかたに違いありません。

弘法大師の思想と芸術

弘法大師の思想と芸術という題を掲げましたが、弘法大師の思想の根底に密教があることは、よくご承知のことであろうと思います。密教というのも、これはいろいろ定義がむつかしいわけですが、仏教のなかの神秘思想の濃厚な分野と一応考えておいて下さい。それを弘法大師が、日本では真言密教として、日本的な宗教として大成されたということであります。現在では真言宗と天台宗のなかにその伝統が伝わっています。

この「密教」が、「芸術」と非常に深い関わり合いを持っているわけであります。日本の仏教のなかにはたくさんの宗派がありますが、この数ある仏教各派のなかでも、密教がとりわけ芸術と関わりが深いのは何故か。この問いをまず手はじめにして、そして弘法大師の思想と芸術がどういうふうに関わり合いを持つかということに、順次、話を展開させていきたいと思います。

真理の捉え方・伝え方

弘法大師は中国に勉強に行ってこられまして、そこでインドから伝わった密教を、師匠である恵果《けいか》という方から受け継いで帰ってこられました。日本に初めて組織的な密教を持って帰られたのがこの弘法大師ですが、それまでにも、断片的な形では密教は伝わっておりました。密教の経典も、奈良時代にたしかにかなりの数が日本に入ってきています。けれども、なにしろ、経典が伝わったから密教そのものが伝わったというわけにはいきません。こういう神秘的な要素の強い宗教というのは、本を読んだり、あるいは人の話を聞いたりして分かるというものではなくて、やはり資格のある師匠から、直々に灌頂《かんじょう》という儀式を通じて教えが伝えられるというのが本義であります。

一対一で師匠から法を受ける、これを灌頂といいます。この灌頂の儀式を通じて、正式に、インドから伝わった密教を日本に初めてもたらしたのが弘法大師・空海であるといっていいわけですが、この弘法大師が中国からお帰りになった時に、『御請来《ごしょうらい》目録《もくろく》』というものを朝廷に提出しています。『御請来目録』というのは、ご自身が中国で勉強して持って来られた経典とか、あるいは法具、曼荼羅、こういったもののリストです。これを朝廷に献上しまして、こうこういう経過で自分は勉強してきましたという報告をしたわけです。

ふつう、こうした中国留学者の帰国報告書のたぐいは、経典を並べたてるのが一般であります。もちろん、この『御請来目録』のなかにも経典は数多くありますけれども、格別ちがった点は、いわゆる法具、曼荼羅、梵字・真言という、それまで日本に伝わっていなかったようなものが数多くそのなかに含まれていたということで、その点が弘法大師の『御請来目録』の特筆すべきところであります。そしてそれが『御請来目録』の目新しい点であると同時に、密教というものの性格や特徴がそこによく現われているといえるでしょう。

密教にはたくさんの法具類がありますが、そのような法具を使って、真理を現実世界に伝える、あるいはわれわれは、それを使って経典だけを読んでいてもマスターできない真理を自分のものにする、いわば一種のコミュニケーションの道具としてあるわけです。しかし、こういったものが、単なる道具ということではなくて、密教では非常に特別な考え方をいたします。

一般に、宗教というかぎりは、真理というものを求めていくのが本義でありますが、この求むべき真理をさして、仏教では「法」と申します。この法というもの、真理というものが、われわれはふつう、抽象的な、どこか別の世界にあって、それにわれわれが近づいていこうと考えるわけであります。ところが密教では、一般の仏教とはちがって、この現実世界そのもののなかに真理があらわれているんだという考え方をいたします。真理というものは抽象的なものではなくて、常に具体的な形を持つのだという考え方があるのです。

弘法大師の著作のなかに、「仏法遙かにあらず心中にして即ち近し」という言葉があります。仏法というのは遙かな空遠くにあるのではなくて、自分の体のなかにそのままにあるのだという、これが密教の基本的な考え方であります。最近の言葉でいうと、聖なるものと俗なるものという考え方があてはまるかと思いますが、仏教というのは俗なる現実の世界から聖なる世界へと進んでいく、それが宗教である、と。もちろん密教においても、俗から聖へと進んでいくということを大切にいたします。けれども、もっと大きな特徴としては、聖なるものそのものが俗なるもののなかにあらわれているという考え方であります。端的にいうと、仏というのは遠くにあるのではなくて、自分自身、われわれ人間そのものが仏なんだということですね。

マクロコスムとミクロコスムという言葉を最近よく耳にしますが、マクロコスムすなわち大宇宙というのは聖なる世界と言ってもいいし、無限に広がる真理の世界と考えてもいいわけです。それが自分と同一だということをしっかりと確認するということが、密教では悟りということになるわけであります。仏というのは遠くにあるのではなくて、よく考えてみると自分自身が仏であった、自分自身が完成していたということに気づく、これが悟りである、ということになります。

したがって、真理というものは遠くにあるのではなくて、いつもこの現実世界のなかに具体的な形をもって現われている、このような考え方を、真言宗の専門の言葉で言うと、「即身成仏《そくしんじょうぶつ》」ということになります。これは、真理というものはずっと向うの彼方にあって、われわれはそれに向かっていくのだという一般の仏教の考え方とは非常に異なっていますし、またこうした考え方からは、なかなか芸術作品というようなものとの繋がりが見つけ出しにくい。ところが密教は、現実そのものが理想の世界だと考えますから、現実に現われているのはすべからく真理の現われであって、逆にいうと、俗なるものに聖なるものが具体的に現われ、そしてその聖なるものというのは、俗なるもののなかに象徴的に存在する、というふうに考えるわけです。

現実に存在しているものは全部真理である、という考え方をすると、そういう現実に存在するものを通じて、真理の世界を表現することができるということになります。彫刻にしろ絵画にしろ、また種々の曼荼羅にしても、現実に現われているものがそのまま真理であり、真理そのものが象徴化してそれらのもののなかに現われているという考え方をとります。密教というものが最も芸術というものとの関わりが深いといえる所以であります。

こういったものの考え方、思想傾向というのは、やはり大乗仏教の考え方といえるでしょう。インドでは釈尊の教えがだんだんと展開して、部派仏教とかあるいは大乗仏教というのが出来上がってきます。日本に伝わっているのはすべて、大乗仏教であるわけですけれども、この大乗仏教というのは、しだいに現実肯定の流れが強くなってまいります。釈尊の時代でしたら、出家をし、世俗世界を出て聖なる世界に入るということが理想とされていた。ところが大乗仏教になってくると、そうした道心堅固な弟子たちだけが仏教に入ってきているわけではありません。歴史の変遷のなかで、在家の信者が出てくるのです。そういう人たちは、農業をしたり、商売をしたり、物を造ったりしながら、仏道を修行しようというわけです。原始仏教の教団がプロの集団とするならば、大乗仏教では、アマチュアがたくさん出てくると言えるでしょう。かたわら自分の仕事をしながら仏道に入っていく、とすると、どうしてもこれは原始仏教にあったような極端な現実否定ということが成り立ちません。在家ですから、世俗に身をおきながらそのまま真理の世界に行くにはどうするかという問題が起こってきまして、やはり現実肯定の色彩が非常に強くなってくるのです。

「煩悩即菩提《ぼんのうそくぼだい》」というような表現を耳にされたことがあると思いますが、煩悩にとりまかれたわれわれの現実世界そのものがそのまま菩提、つまり悟りである、煩悩という消し去らなければいけないと考えられてきたものが、大乗仏教になると、むしろ煩悩そのものによって悟りに向かうのだという、このような考え方が出てきます。あるいは、現実世界そのままが涅槃の世界だという考え方を示した「生死即涅槃《しょうじそくねはん》」という表現も同じことをあらわします。こういう大乗仏教の考えを非常に極端に押し進めたのが、他ならぬ密教といえるかと思います。

純粋に密教の用語ではありませんが、もともと天台系のもののなかにあった言葉で密教を現わす言葉としてよく使われるものに、特に、「即事而真《そくじにしん》」という言葉があります。事に即して真なり。事というのは、仏教用語としては現象界をいいます。つまり、俗なる世界です。俗なる世界がそのまま真理の世界という考え方、これが密教の考え方になるわけです。

聖徳太子の言葉に、「世間虚仮唯仏是真」（世間は虚仮である、仏だけがこれ真である）というのがあります。現実世界は虚仮、すなわち仮のものであって、仏の世界だけが真なるものだという考えを示したものですけれども、密教はこの考え方ではなくて、この現実世界そのものが真理であって、現実を全面的に肯定するという立場に立ちます。こういうところに密教と芸術の深い繋がりがあるのですね。現実を否定してしまうと、芸術活動は成り立たないけれども、現実を肯定し、現実そのものに真理があるという立場をとることで、芸術との結びつきが出てくるのです。

今日の人は、密教というのはシンボリズムだというふうな言い方をよくします。人が喋る言葉、書いた文字、あるいは何かの形を持つもの、こういったものがすべて、単なる言葉であり、単なる文字であり、単なる形だということではなくて、それがそのまま真理だという考え方ですね。喋る言葉がそのまま真言になり、あるいは書かれた文字がそのまま種子《しゅじ》になる。曼荼羅のなかにも梵字で書いた種子曼荼羅というものがあります。あるいはまた、形そのものが真理をあらわす、これを三昧耶形《さんまやぎょう》といいます。言葉、文字、形、それらがすべて真理を形づくるのであって、単なる現実世界の手段ではないのです。

弘法大師は四種の曼荼羅を説いておられます。われわれは、仏さまがたくさん集まった、いわゆる壁にかけられたものが曼荼羅だと思っているけれども、あれは曼荼羅の一部分なのです。大・三・法・羯と呼びならわしていますが、四種類の曼荼羅があるのです。大曼荼羅、三昧耶《さんまや》曼荼羅、法曼荼羅、羯磨《かつま》曼荼羅となりますが、簡単に説明すると、大曼荼羅とは、いわゆる仏像をそのまま描いた曼荼羅です。三昧耶曼荼羅というのは、三昧耶形でもって表わしているもの、すなわち法具の鈴《れい》とか、金剛杵《こんごうしょ》とかの具体的な形をもって表わす曼荼羅です。これは単なる鈴ではないし、単なる金剛杵でもない。仁王さんが持っているようなもともと武器であったようなものにしても、それが真理の一部分を表わすものだと考えるわけです。

法曼荼羅というのは、種子《しゅじ》、すなわち梵字で書いた曼荼羅です。羯磨曼荼羅というのは、密教独特の曼荼羅で、羯磨という言葉は「活動している」とか「動きがある」ということを意味します。ですから、羯磨曼荼羅はなにかというと、一つは立体的な曼荼羅をいうこともありますが、本来は、小鳥の鳴き声や小川のせせらぎなどをさして、すべて曼荼羅だというのです。真理を、立体的に、活動的に、われわれに投げかけ、表わそうとしている、その様相を羯磨曼荼羅といいます。われわれは、曼荼羅というと、大曼荼羅だけを思い浮べますけれども、本来はあらゆる知覚的なものをさして、すべて曼荼羅というのです。

先述の弘法大師『御請来目録』のなかに、つぎのようなことが説かれています。

「法はもとより言《ごん》なけれども、言にあらざればあらわれず。真如は色《しき》を絶すれども、色を待ってすなわち悟る。……密蔵深玄にして翰墨にのせがたし。さらに図画をかりて悟らざるに開示す」

つまり、法というのは言葉を発するものではないけれども、言葉がなければ表現できない。真理というのは本来形を越えたものだけれども、形を備えなければこれを表現することができない。密教の教えは深玄であって、筆や墨にのせて表現することはむつかしいけれども、絵や形など具体的な姿をして、なかなか悟りに行こうとしない人にさし示す。こういう考えが『御請来目録』には示されてありまして、それにのっとって曼荼羅とか法具が作られるのです。

以上のように、密教の主張の背後に、俗なるもののなかに聖なるものがそのまま現われているという考え方があるということが、密教と芸術との結びつきの第一番目の理由として考えられるわけです。

さてつぎに、今度はこの真理をわれわれがどういうふうに悟り、ものにするかということがあります。現実世界そのままが仏さまだといいましても、一たす一は二という論理でもって考えていると、いつまで経ってもわれわれ凡夫は凡夫なのですね。ところがそこでどういうことをするかというと、密教においては、「観法《かんぽう》」というものがあります。観法という表現がむつかしければ、宗教的な瞑想と言いかえていいかもしれません。宗教的な瞑想を通して真理を得る、自分自身が仏であるということを体験のなかで確認する、文字とか言葉とかで理解するのではなくて、つまり頭でなくて、体でとらえるということです。そのためにはいろいろな方法がありますが、インドではこの観法のことをサーダナ Sādhana といいます。サーダナというのはふつう成就《じょうじゅ》法《ほう》といいならわしていますが、このサーダナをもうひとひねりすると、イコノグラフィー、すなわち図像学になるのです。

観法の方法がそのまま図像学であるとはどういうことか。自分と仏は一体であると瞑想する、これは論理の世界ではなくて直観の世界です。宗教的な瞑想の一つを「入《にゅう》我《が》我《が》入《にゅう》観《かん》」といいますが、我のなかに仏が入り、我が仏のなかに入る、この仏と我との一体感を観じる時に、自分の前にひらけてくるのが曼荼羅の世界です。われわれは絵にかいたものを曼荼羅といいますが、そのもとを尋ねてみると、宗教的な瞑想によって目の前にあらわれてくる世界、それを図画にして目に見える形であらわしたものが、現実にわれわれが見る曼荼羅なのです。ですから、サーダナがそのままイコノグラフィーだというのも、今述べたような意味合いであって、本来、成就法の過程で目前にあらわれる世界において、仏がどういう姿をし、どういうものを持ち、どういう色でどういう位置にいるかということが、そのまま図像学になっているということなのです。

こういうふうに、密教においては、真理というものを具体的に捉えようとします。現実世界にそのまま聖なる世界があらわれていると考えるのが密教の世界観であることは先述の通りですが、目で見るもの、耳で聴くもの、鼻でかぐもの、舌で味わうもの、手で触れるもの、これらがすべて、われわれが真理と接触する一つの方法であるとみなすのです。哲学的にいえば、真理というものはわれわれの理性によってそれを捉えているものであると考えますが、密教では、頭の働きよりも、感覚を重視する、もっと現代的な言葉を使えば、フィーリングによって真理を捉えようとするのですね。

例えば、禅宗の寺と真言宗の寺ではずいぶん様子がちがいます。禅宗の寺はきわめて簡素です。前のほうにお釈迦さまを祀りしていて、こちらにお坊さんが拝む場所があって、あとは木魚と経机くらいの、いたって簡素な道具立てであります。ところが、真言宗の寺へいくと、上からは天蓋というのがつり下がっておりますし、大きな壇があって、そこには鈴なり金剛杵なりの法具がずらっと並んでいる、そして絢爛豪華な、きらびやかな道具立てです。これは密教が先ほど述べたように、目に見、耳に聴き、鼻でかぎ、舌で味わい、手で触れるという、フィーリングを通して真理をわがものにしようとするわけですから、道具立ても立派なものがそなえられるのです。禅宗のように自分だけが悟るというやり方ではなくて、密教というのは、具体的なものを通じて真理に入っていこうとする、これが大きな違いなのです。具体的なものを通じて真理に入っていこうとしますから、具体的な荘厳具がたくさん必要になってくるのは当然です。真言宗の寺に飾り付けが夥しくあるというのも、真言密教のなかにもともとそういう思想があって、真理を捉える方法が他とは異なっているということなのです。

したがって、密教においては、儀礼を重視します。例えば声明《しょうみょう》というのがありますが、これは真言や天台の寺で発達しました。一種の仏教音楽です。音楽というのは、ムードづくりに非常に役に立つ。音楽そのものによって悟りに行くことができる。曼荼羅があり、音楽を奏し、香を焚き、そしていろいろと手で触れたりしながら、真理の世界に先ずムードとして入っていく、フィーリング化を通じて真理に入っていく、こうした方法が、密教の大きな特徴の一つであります。

密教思想の包容性

つぎに密教の特徴として掲げるべき事柄としては、密教が総合的・包容的な思想であるという点です。密教の経典は、もちろん宗教的な経典ではありますが、そのなかには世俗的な事柄がずいぶん数多く入っているのです。これはなにも密教の経典だけではなくて、仏教経典はそもそもそのような性格を持っているのですが、この点はキリスト教のバイブルなどとは基本的に相違するところです。バイブルなどは、なんといっても聖なる世界が中心に据えられているわけですけれども、密教の経典、あるいは広く仏教の経典というのは、宗教のことだけではなくて、数学あり、天文学あり、物理学ありというように自然科学を含めてすべて入っている。これはやはり東洋的なものの考え方の大きな特徴といえるでしょう。純粋に宗教的なものだけを守り通そうということではなくて、ありとあらゆるものを全部抱きこんでいこうという考え方です。ですから、経典のなかには、インド以来の、あるいは中国の、風俗とか習慣といったものまで取り入れる。聖なるものだけを選り分けて、それだけを伝えるというのではなくて、世俗的なるもののなかに真理をみとめていこうとする立場にあるわけですから、民俗儀礼でも民間信仰でもあらゆるものを仏教のなかに抱き込んでいくわけです。そしてそれらを抱き込むだけではなくて、あくまで仏教化していく、これが東洋の宗教の大きな特徴であります。

曼荼羅においても、その考え方は明瞭に看てとれます。曼荼羅に描かれているのは、仏教本来の仏・菩薩だけとは限りません。インドのさまざまな民間信仰の神がみだとか、ジャイナ教やヒンドゥー教の神さまをずらっと抱き込んでいく。周縁にみられる餓鬼だとか、地獄の亡者とか、星の神さまとか、そういったものがそのままに取り入れられている。それらを仏教の仏さまにすりかえているのです。また、もっと大きく捉えると、どんなに端っこにある神さまであっても、それらは中央にある大日如来の姿が変じたものだという論理を使うわけです。この論理が決しておかしくないのは、現実世界にあるものはすべて真理だという基本的な立場、どのような餓鬼であれ畜生であれ、すべからく本来は大日如来であり、大日如来が形を変えているだけなのだという考えに拠っているからです。一切の現実に存在するものをことごとく抱き込んでいくというのは、よく言えば寛容性があるといえますが、悪くいえばしまりがないともいえます。したがって、西洋の宗教のように、純粋に宗教の権威を守り、信仰を大切にするために、異教徒と闘うということはない。自分の信仰を阻むものはやっつけてしまう、そして自分の思う通りに征服してしまうというのは、東洋の宗教にはありません。宗教戦争というのは東洋にはおこりえないのです。日本の中世の僧兵の争乱にしても、あれは宗教的な権威を守るというよりも、むしろ経済的な権益を守るための争いであって、もともと東洋的な考え方は、自分の純粋なものだけを守っていこうというより、たとえ異教徒であれ、自分と異なる考え方をも抱き込んでいこうという傾きが強いのです。純粋性はない代りに、寛容性に富むというのが東洋の宗教の特色であると思います。

密教には、ふつうの人間の形をした仏・菩薩ではなくて、多面多臂の菩薩や明王がありますｓ。例えば、黒い肌で、顔をしかめた不動明王、あれはもともとインドの奴隷の姿なのです。密教は、そういうシュードラ階級をもみんな抱き込んでいって、それらを次第に高めていく、そして大日如来に近づけていく。剣や武器でもって相手を叩きのめして、自分の思う方向に導いていくというやり方ではありません。密教というのは、相手をそのまま抱き込んでおいた上で、知らず知らずの内に、自分の思う方向に転換させてしまうのです。密教の菩薩とか明王のなかに、異形《いぎょう》の、われわれにはちょっと親しみにくいような仏さまがあるわけも、これでお分かりかと思います。

密教でよく使われる法具類についても同様のことがいえます。例えば金剛杵、尖が一つのを独鈷《とっこ》、三つのを三鈷《さんこ》、五つのを五鈷《ごこ》といいます。これらは元来、武器なのですね。相手をやっつけるための、鯨を捕る時の銛《もり》のような鈷なのです。それが装飾化されて、尖のほうをとがらせずに内側に向けるようになり、仏教的な意味づけをしていきます。三鈷は身《しん》・口《く》・意《い》の三密《さんみつ》をあらわし、五鈷は五智をあらわす、これが密教の解釈です。このように、もともとなんでもないものをひっぱってきて、それに仏教的な意味づけをして、仏教のものに変えてしまう。あるいは鈴《れい》などでも、インドでは、道を歩く時などいつなんどき蛇やらいろいろな害虫にくらいつかれるやもしれない、そういうものを鈴を鳴らしながらおどかしていくのです。ところが仏教に入ると、その鈴は、自分たちの心のなかに眠っている菩提心を目覚めさせるものとしての意味づけがなされます。

灌頂については先に少し触れましたが、この儀式は、もともとインドで、帝王の即位式に行なわれる儀礼です。あちこちの、四つの海から水を集めてきて、その水を一つの瓶《びょう》におさめ、それを国王が位をゆずるべきつぎの国王の頭にそそぐ、それが王位継承のしるしになる。つまり四海の水をそそぐことで、四つの海を支配するという意味を持たせるわけです。そういう帝王即位の儀式のやり方をそっくりそのまま仏教のなかに持ちこんで、密教の、師匠から弟子に法を伝える儀式にふり変えたのです。真言密教の祖師像にはこの灌頂の瓶が描かれております。

またあるいは、真言や天台の寺では、護摩を焚きます。もともとあれは、バラモン教で、天にいる神がみに、供物を早く届けよう、お供え物の届くのが遅いと効果が薄いので、火のなかにくべて、いそいで天上に届けようというのがその起こりです。仏教はそれをそっくり仏教の儀礼におきかえる。ただし、バラモン教のそのままを移し変えるのではなくて、仏教では、われわれの煩悩を消す知恵の火をそれによって象徴するのです。煩悩を滅して清浄なものにしようという考えのあらわれです。護摩には、外護摩《げごま》と内護摩《ないごま》があって、外護摩というのは形式だけを真似ていくことですが、内護摩は、それに精神性をつけ加えていくということであります。

また例えば書にしましても、私は専門家ではないので迂闊なことはいえませんが、弘法大師の書のなかにはいろいろなものが入っています。王羲之とか顔真卿とか、あるいは飛白体の書とか……。弘法大師はこれしかやらなかったというのではなくて、きわめていろいろな書体を取り入れて、すべてこなしてしまう。弘法大師が書の天才だったというだけではなく、これもやはり、その背景になる密教というものの多角的・包容的な性格に思いを致すべきでしょう。

密教、ひいては仏教というのは、現実のいろいろなものをすべて受け入れると同時に、それを仏教的に内面化していく、換言すれば、思想化していくわけです。十数年前までは、密教といえば、あれは堕落した仏教だといわれていました。同じ仏教とはいえ、釈尊の唱えられたこととは似ても似つかぬものになり下がってしまった、バラモン教のやっていることをそのまま真似して、まさしくバラモン教化した仏教である、とみる人が非常に多かった。形だけをみるとなるほどそうです。ところが、だんだん研究が進んでくると、形は借りているけれど、内容は全部仏教にすり替えていることが分かってくる。相手と喧嘩して力ずくで引っ張っていくのではなくて、相手をそのままの状態でそっくりこちらにいただいてくるというやり方。イソップの話ではないけれども、旅人のマントを脱がすのに北風はピューピュー風を吹かせても成功しないのに、太陽はポッカポッカ相手を照らしながら自分の思う通りにしむけていく、これが密教の方法というか、東洋的な仏教がとったやり方なのです。

色の論理

それからつぎに、重要な問題として、密教は多彩な色の世界を物語るということがあげられると思います。それは禅の芸術と較べてみればよく分かると思います。例えば、墨絵というのは禅の世界です。墨の濃淡だけによって全体をあらわし、複雑なものを単純に処理していく。ところが一方、密教の世界というのは、非常にカラフルな、色の世界なのです。曼荼羅をみても、じつに色が鮮かですね。平安時代の仏教、すなわち密教といっていいかと思いますが、これはすべてのものを覆い、包みこんでいく多色の世界であって、鎌倉時代の仏教になると、そのなかからどれかの線だけをひっぱり出してきて、それを単純化していこうとする、単色の世界、といえるのではないでしょうか。これを喩えていうと、平安仏教はデパートです、なんでも揃っている。

ところが鎌倉仏教というのは、そのなかの専門店、どこかの点で特徴を出している、その部分だけ強調する、という形にかわってきたといえるでしょう。先にも申しましたように、真理というものを頭だけで理解するのではなくて、皮膚の感覚を通じて分かっていこうとすると、色も形も音も全部必要になってくるという思想的な背景があるのですね。

現実世界が真理であるということから、色とか形がそのまま思想だということはどういうことでしょうか。われわれが近代絵画を目の前にする時、色というものをふつう感覚的になにかを訴えてくるものと理解するわけですけれども、密教においては、単に視覚に訴えてくるだけではなくて、色そのものが真理を現わすと考えるのです。色が一つのシンボルである、ここに密教芸術というものの謎を解いていく鍵があるといってもよかろうかと思います。形とか色とかいうものが、一つの思想、一つの論理を現わす。そういった論理性というものは、ともすると物語性を失っていきます。ふつうの物語をものがたることで、たくさんの人びとを導いていくという方法ではなくて、色とか形とかのシンボルを通じて、真理の世界に直接赴くべし、という方法をとるわけです。密教の話のなかには理屈っぽいところが多くてどうも面白くない、分かりにくいというのは、或る意味では、ここらあたりに原因があるのでしょう。キー・

ワードがないと入っていくことができない。本来は師匠から弟子に直々に伝えられていくものですけれども、それだけでは在家の人びとが密教に入っていくよすががまるでなくなってしまう。そういう時にはやはりなんらかのキー・ワードが必要であって、それを握《つか》まえることによって、密教の芸術を鑑賞し、自分のものにすることができる。そして次第に真理の世界に入る道がひらけてくるというわけです。

曼荼羅についても、同じことがいえます。これももともと経典とか儀礼に材料があって、それをいわゆる曼荼羅の絵の形にしていくわけですけれども、曼荼羅について書かれたインドの経典や儀軌を見ると、日本に現在伝わっているものと較べて、経典や儀軌通りに忠実にうつしているところと、逆に非常に違ったところと、両面がみうけられます。最も相違しているのはなにかというと、色の論理性が、日本に来ると失われたのではないかと思われることですね。

伝真言院曼荼羅には彩色が施してありますし、神護寺の五大虚空蔵菩薩にはうっすらと色が残っています。ところが彩色のある曼荼羅はむしろ少なくて、高雄曼荼羅や子島曼荼羅の系統は、色はありません。この点、チベットの芸術とは違います。チベットの曼荼羅は色を非常にはっきりと表現します。色そのものが思想を現わすわけです。

例えば、金剛界の五仏を取りあげると図の如くなりますが、大日如来は白です。阿《あ》閦《しゅく》如来は黒、宝生《ほうしょう》如来は黄色、阿弥陀《あみだ》如来は赤、不空成就《ふくうじょうじゅ》如来は青というか、緑です。このように、経典のなかでは色というものが大切にされ、そしてこれの眷属というかそれぞれ同類のものは、すべて同じ色によって分けられている、これがチベットの曼荼羅であります。白と黒に加えて黄赤青の三原色をつけて表現されてきたものが、日本に入ってくると、これはほとんどわれわれの肌の色、肉色《にくじき》になってしまいます。

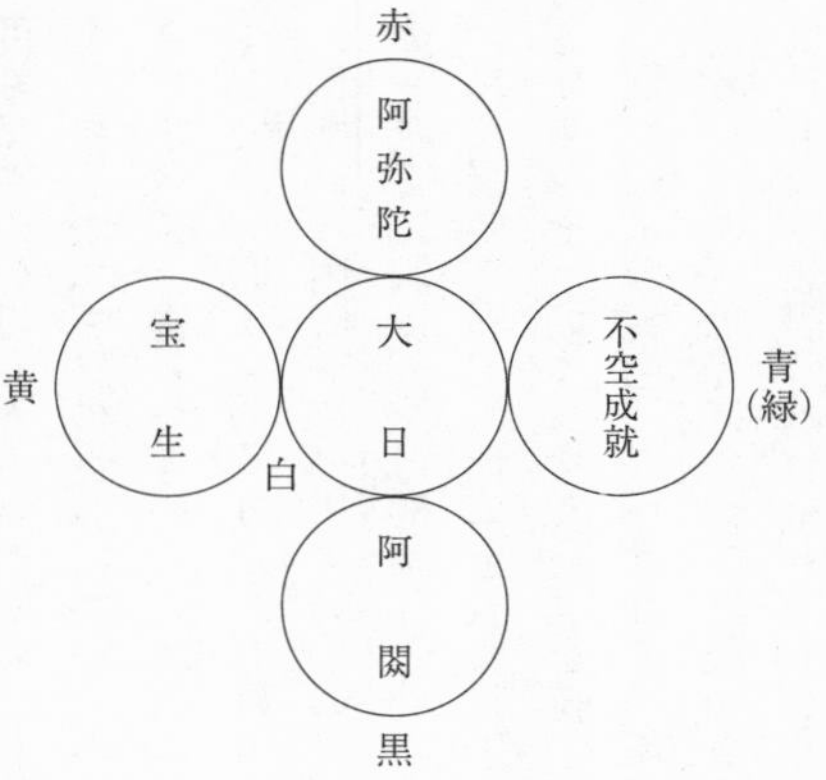

四仏というのは、大日如来の性格を四つに分けたものであります。大日如来というのは普遍絶対的なものであって、われわれが簡単に手に取ることはできない。永遠であって普遍的なものというのは明らかに握《つか》みにくいのです。だから日本の寺でも、大日如来を本尊に祀っているところはきわめて少ない。その意味では、大日如来はあまり人気がありません。観音さんとかお薬師さんとかお不動さんとか、そういう具体

的な仏さんのほうが人気がある。われわれはなにか具体的なよすがになるものがないとなかなか仏さまの世界についていけませんが、大日如来というのはあまりに完全でありすぎて、寄りつきにくいところがあるのです。そこで大日如来の性格を四つに開くことで、四仏をつくりだすわけですね。

例えば、阿閦如来の黒というのは、怒りの色です。忿怒系統の仏さまはみな同じです。加えて阿閦如来は触地印《そくち》という印を結びますが、これは右手を地に触れて、大地の神に誓いを立てる仕草を表わします。そうして怒りの大地の神を鎮めるのです。阿閦如来はそういう勇猛な一面を持っている。

宝生如来の黄色、これは黄金の色です。先ほどから、何度も繰り返しているように、密教は、現実世界にすべて真理があるという考えに立ちますから、われわれは一人の例外もなく無限の価値をもってこの世に生まれてきている。この、創造されたもののなかにかくされている無限の価値を見つけるというのが、宝生如来の役目です。聖天さんはじめ金儲けにかかわるのはみなこの系統になります。

阿弥陀如来の赤というのは、愛とか、灼熱という、非常に激しい情熱をあらわし、不空成就如来の青は、大日如来のうちの、実行力・行動力をあらわすということになります。大日如来そのものは完全無欠だから、手がかりはつきにくいけれども、こういう四つの面に分かれることで、われわれはどこかに親しみが持てるということになるのです。ちょうど太陽の光が無色透明で白であるけれども、プリズムを通すと七色に分かれ、われわれの目に捉えやすいのと同じように、大日如来は無色透明だけれども、これをプリズムにかけるように種々の性格に分かれさせる。曼荼羅の象徴もここから展開していくのです。

こういうように、密教では、色は形と同じように重要な意味を持ちます。ところが、日本に来ると、色の持っている論理性がどうも失われたのではないかと思われるんですね。これが何故かということは私には分かりません。

日本的変革

日本の仏教のなかでは、とりわけインド的な匂いを残しているのが密教だといえるかと思います。インド的な仏・菩薩もそうですし、灌頂の儀礼にしても、護摩の法にしても、インド的な匂いをふんぷんと残しているのが密教です。ヒンドゥー教の神さまの姿をそのままにひっぱってきて、多面多臂像を造ったり、あるいはインドの宗教儀礼をそのまま持ってきて非常に大切にする。

梵字悉曇《しったん》というきわめてインド的な匂いを残したものも、密教のなかでは重要視されます。これは、密教が、きわめて東洋的な、寛容な性格を持っているということから言えるわけです。

鎌倉仏教になると、これらのインド的なものも日本的に整理されすっきりした形に変えられるようになりますが、平安時代の仏教というのは、まだまだインド的な匂いがそのまま残っている。それでは完全にインド的なものをそっくりそのまま持ってきたかというと、私はそうではないだろうと思うのです。特に弘法大師の思想なり、芸術というのを見てみると、こういうインド以来の伝統的な密教を受け継ぐと同時に、中国的な密教もそのなかに多分に加味し、最終的には日本的なオリジナルな密教というものを作りあげている、と考えられるのです。

密教というのは、もともと大自然のなかにいて、入我我入観《にゅうががにゅうかん》をやる。原野のなかに自分が唯一人坐って、大宇宙と自分が一つであるということを体でもって分かろうとする、これが密教本来のあり方です。神秘主義というのはまさにそのようなものです。神秘主義という言葉がずいぶんいい加減に使われて、なにかわれわれにわからない奇妙奇天烈なことをやるのが神秘主義だといわれてますが、専門的にいうと、大宇宙と小宇宙、すなわち仏と我が一体であるということを確認することが、神秘主義の言葉の意味するところであって、神秘主義宗教としての密教の本来のあり方は、インド密教本来のあり方なのです。

ところが中国に入ると事情が少し変わってきます。中国には紀元前後からシルクロードを伝わって大乗仏教が入ってきます。密教は、大体五、六世紀から七世紀くらいに大成して、八世紀頃に非常に盛んになってきますが、他の仏教と較べてたいへん遅れているわけです。だから隋や唐の時代に密教が入ってきても、朝廷に受け入れられるためにはなんらかのセールスポイントがないといけない。中国というのはインドと国家体制がまるきり違います。インドというのはあまり大きな国家というのは出来ないけれども、当時の中国は強力な中央集権体制がすでに出来上がっていました。インドにおいては、出家の僧団も国家的な干渉はあまり受けないで済むけれども、中国は社会体制が全然違って、隋とか唐は、中央集権の律令国家であるわけですから、そういうところで密教が根を付かすためには、国家組織のなかに入っていかなければならない。だから中国に密教を弘めた金剛智なり不空なりという人は、或る意味で猛烈に朝廷に働きかけたわけです。そしてそのなかに自分たちの場所を占めようとするわけです。

当時の朝廷は道教を重んじていましたが、道教の呪術と密教の呪術との術くらべをしてそれを打ち負かせて、国家のなかに自分たちの地盤を築きあげていくというようなことをするのです。中国に入ってくると密教というのは、大自然を相手にしていた宗教から、国家相手の宗教に変わってくる。これは社会体制の上で、あるいは入ってきた時期によって、致し方がないといえるでしょう。

　こうした百八十度の方向転換を成しとげたのが不空三蔵《ふくうさんぞう》という人物です。もともと大自然を相手にしていた密教を、国家護持の宗教に切り換えてしまう。これが不空という人の、たいへん大きな役目でありました。弘法大師はこの不空の弟子の恵果から、法を受け継いでくるわけです。日本の奈良朝・平安朝というのは、社会体制も、隋とか唐の社会体制をそのまま受け継いだわけですから、日本のなかでも事情は変わりません。ですから弘法大師の密教は、大自然を相手にするインド的な仏教と、国家を相手にする中国的な仏教との、二つを一つのなかにまぜ合わせるべき宿命があったといえるでしょう。

　真言密教と朝廷が強く結びついたという批判もありましょうが、朝廷というものを意識せずして、奈良から平安にかけて密教が拡がるわけがない。ところがもう一つは、国家の権力やら世俗的な権力をまったく無視して、大自然を相手に入我我入観をする。この二つの傾向が弘法大師のなかにあったと思われます。おそらく、弘法大師においては、中国的な密教は京都を中心に展開し、大自然を相手に、世俗を棄てたインド的な密教は、高野山を中心とする山岳宗教のなかで果たされたと私には思われます。したがって、美術の面でもこういった二つのことがあてはまります。やはり曼荼羅のなかにも、色をすべて人間的なものに変えてしまうというような、色の持つ論理性を棄ててしまうということもあるけれども、インド的な匂いをふんぷんと残していると同時に、インド的なものを日本化しようとする努力、こういう両方が、弘法大師のなかにあるような気がいたします。

弘法大師のあと、天台密教のほうで、慈覚大師・円仁、智証大師・円珍という偉い方が出たり、あるいは東寺のほうの密教でも、いろいろ偉人が出て、弘法大師以後の、大師が持って帰ってこられなかったものを中国から持って帰る時代があります。いわゆる入唐八家《にっとうはっけ》ですね。それらはどちらかというと、天台密教のほうに残っていますが、天台密教はインド的なものを濃厚に持っていると思われます。弘法大師のほうは、まだそれを日本化しようとしたあとが見られます。

弘法大師が根本道場とされた東寺の講堂にある仏・菩薩、あれは一体どこから出ているか。典拠は『仁王経《にんのうきょう》』といわれますが、それがすべてではないでしょう。あるいは高野山の金堂にあった菩薩像にしても、明瞭に典拠とする経典がないということは、弘法大師が経典をかなり日本化して造像したのではないかと推測されます。これはたしかに想像でしかないけれども、チベットあたりのマンダラなどと基本的に違うのですね。経典通りにするというのは、密教の一つの宿命みたいなものですが、弘法大師の著述をよくみると、自分の意見というか、日本的な操作がかなり加わっているのではないかと思います。もちろん、こうしたことは、弘法大師の思想の面についてもいえるわけで、インドとか中国の思想をそのまま引いたものではない。インド・中国的なものを持ってきているけれども、日本的に変容させている。具体例を一つあげると、弘法大師の『十住心論《じゅうじゅうしんろん》』は、もともと『大日経』の「住心品《じゅうしんぼん》」というのがもとになるわけですけれども、それを実にうまく組み換えることによって、日本的な思想体系に変えてしまっています。東寺の講堂にせよ、高野山の金堂の菩薩の構成にせよ、ほんの一例ですが、弘法大師の独自の観点が多分に入っているのではなかろうかと考えられるのです。

弘法大師は、インド・中国の伝統をうけつぎながら、やはり自分自身の、日本的な味つけというものも、かなり的確に、数多く出しているといえる。弘法大師のなかでは日本的な変革を加えようとした跡がかなり強くみられるのです。ところが日本の仏教を総体的にみると、密教というのはやはりインド的な色彩が濃厚に残っているといえるのですね。

以上、密教というもののおおよそをふりかえりながら、弘法大師の思想と芸術の関わり合いと、その特色についてお話した次第です。

弘法大師の生涯に学ぶ

分析智と直観智

価値の基準がめまぐるしく変わる世の中であります。前日までの宝石が一夜のうちにガラス玉としてしか評価されなくなる。善として人間の努力目標であったものが、いつの間にか悪に変わってしまっている。われわれはこのような社会的価値基準の大幅な転換を一度ならず経験してまいりました。明治維新から太平洋戦争の敗戦までの富国強兵の時代から、戦後の民主主義社会へのそれ。そしてまた消費を美徳とする文化から、節約文化への急激な転換。昨日まで物を湯水のように使い捨てる上に成り立っていた日本経済に、資源の絶対的な不足という思わぬアキレス腱が伏在していたことが、石油危機によってはからずも露呈されました。のどもとすぎれば何とかのたとえどおり、それもすぐに不況の回復には、消費景気を思いきって盛り上げねばとくる。

浮世の風の吹くまま、庶民はあっちにこっちにと主体性なくもてあそばれるままといってよいでしょう。

それにしてもここしばらくの間に、物による繁栄に疑いの目が向けはじめられたことも事実です。この十数年来の栄華の夢が近い将来にもろくも崩れ去るのではなかろうかという不吉な予感が、人びとの胸を重くふさいでおります。なんとかせねばというあせりが狂気を呼び、それを忘れ去ろうとして人はさらに退廃した都市文化に身をまかせ、精神的な不毛地帯をさまようのです。

とはいうものの、従来往々にしてみられたように、物質至上主義がもたらした害毒をひとつずつ指摘し、その対症療法として、精神主義を持ち出すことが、この場合、かならずしも当を得た処理であるとは思われません。極端な精神主義を喧伝することによって、物質文明の危機を回避しようという意見にも、しばしば出くわしますが、しかしながら、右かしからずば左かといった振幅の大きい思考法そのものが、問題にされるべき事態にあることに気づいている人は少ないようです。現在はむしろこういった従来の短絡的な発想法の根本的な転換期にさしかかっていると言ってよいでしょう。たんに物か、心かという二者選択によって、戦後の日本人の精神文化の荒廃、袋小路に入った現代の物質文明が救済されるほど、問題は簡単なものではありません。

物から心へという一方通行ではなく、物と心を含めた新たな価値体系が求められるべきでしょう。それはたんに物と心とに限らない。現実に存在する一切の対立的な概念を超えた生命の根元に帰る発想法への転換といってもよいのです。それは近代文明の根底にある分析智を捨て去るところにはじまります。それによって、われわれは現象世界の一切の対立を超えて、それらを成り立たせている生そのものに肉薄することが可能となるのです。

近代の科学文明の発展の原動力となった分析智、対立的な思考法を、仏教では分別といい、仏道修行の最初に捨て去るべきものと考えます。分析智は自然科学の進歩には不可欠であっても、大自然の生命そのものを把握するためには一向に役に立たず、むしろ弊害をともなうのです。われわれの日常生活において、物質と精神、善と悪、美と醜、真と偽等々といった対立概念をもって、多くのものごとを判断しているのは、ただわれわれの理解に、そのほうが便利だからといった理由によるのであって、本来これらが両極端に判然と区別されたものではないということは、日常経験のなかでも、少しものごとの本筋を見通す目をもつならば、容易に気がつくはずなのです。

仏教が説く四つの知恵、つまり大円鏡智《だいえんきょうち》、平等性智《びょうどうしょうち》、妙観察智《みょうかんざっち》、成所作智《じょうしょさち》、あるいは以上に法界体性智《ほうかいたいしょうち》を加えた五つの知恵のなかでは、近代科学の分析智も、五つの知恵の一つである妙観察智の一属性にすぎません。大宇宙の無始無終の法則、大自然の生そのものは、一介の分析智、科学的知識の管轄領域をはるかに超えております。ひとまわりも、ふたまわりも、それよりスケールが大きいのです。それを総合的に把握し、理解するために必要なのは、あれとこれとを明瞭に区分する分析的な知恵ではなくて、生そのものに直接に入りこむ直観智なのであります。

近代社会において、このような直観智を使う場はきわめて少ないと言えるでしょう。分析智だけが近代人の判断の物指しとなっています。価値の基準がたえず浮動し、目まぐるしく変わるのも、近代社会がものごとの本質を把握し、大自然の生命と直接に交渉する総合的な直観智を軽視しつづけてきた結果であるといってよいでしょう。

仏教の近代化とか、現代化とかいった派手なかけ声をもって、仏教を分析的なちっぽけな視野だけに閉じこめてしまうのは愚かなことです。仏教を合理的な判断だけに指したよって矮小《わいしょう》化して、それによって仏教の近代性を云々することは、仏教の本来目指しているものをいちじるしくゆがめた考えと言えるでしょう。西欧的な思考法の枠を一度取りはずして、東洋思想がなにをわれわれに語りかけようとしているかといったことを謙虚に見分け、聴きとる目と耳をわれわれはいつも用意しておかねばなりません。自と他、人間と自然との連帯感、それにもとづく生きとし生けるものに対する思いやりといったものは、疎外と断絶の母胎となる現代社会の分析的な思考からは、決して生み出されないものであります。

われわれがちっぽけな日常的な思考の枠から脱出し、爛熟した現代の機械文明、技術文明のかげり、疲労から蘇生する方策として、いまなにがあるか。明治以来、日本人が近代化するために意識的に払拭しようと努めてきた大自然との対話、共存、融合といった東洋的な生活の知恵が、宗教観が、ここでもう一度思いかえされるべきでありましょう。

現代に生きるわれわれは、好むと好まざるとにかかわらず、近代社会のメカニックな機構に追い廻されております。それからの脱出を願いながら、そのすべを知らず、近代文明という怪物を動かす歯車の一つとして、やがては巨大な社会構造のなかに圧しつぶされてしまうのではないかとフト考え、そのとたんにいい知れぬ戦慄をおぼえたりいたします。このような不安のなかで、私は弘法大師・空海の生きかたに学びました。それは私の現在までのものの考え方とか、人生観に少なからぬ影響を与えてきております。

逆境にまなぶ

弘法大師の生涯をかえりみれば、六十二年のあいだに、あれほど多彩で、みのりのある仕事を、つぎからつぎへとよくもやりとげられたものだと感嘆いたします。中国から持ち帰った密教をわが国にひろめ、人びとの間に定着させるために、数多くの著作活動、結縁のための灌頂壇《かんじょうだん》の開設、東寺をはじめとする多くの真言寺院の整備、農民のためのたび重なる祈雨法の執行、満濃池《まんのういけ》の改築、わが国では庶民のための最初の大学である綜藝種智院《しゅげいしゅちいん》の設置、少なからぬ数の弟子の養成、まさに驚異的な大活躍です。それだけではありません。詩でも、書でも、文章でも、一流の才能がいたるところでいかんなく発揮されているのです。

日本各地に遍在する弘法大師伝説が、かならずしもすべて事実であるとはかぎりませんが、生涯の並はずれた行動に対する後世の人びとの感嘆と畏敬の念が、ながい年月のあいだにこれほど広範囲な大師伝説を日本各地に作りあげていったとも言えるでしょう。

なまじわれわれがこの業績を、けたはずれのエネルギーを、まねようと努めたとしても、どこかでいつかはバテて、アゴを出してしまうのが関の山であります。仕事の量がたとえその十分の一、いや百分の一であっても、事態はそれほど変わらないことでしょう。それどころか、しょっちゅう忙しい忙しいを連発し、心のゆとりを失った言動が知らないうちに他人を傷つけているにちがいありません。ところが弘法大師の遺文のなかには、愚痴も弱音もまったく見あたりません。かえって有縁無縁の人びとのために、賀詞とか弔辞、願文などかなりの数のものを書いておられます。なかには南都の僧の贖罪《しょくざい》を朝廷に願って書かれた文章まで残っているのです。

こういった現実世界の目の廻るような忙しさのなかで、仕事に圧しつぶされることなく、たえず心にゆとりをもちながら、つぎからつぎへと大事業をやりとげていく。その秘密はいったいどこにかくされているのでしょうか。

弘法大師の生涯をかえりみますと、六十二年のちょうど半ばあたりで、大きく二つの部分にわかれます。入唐して長安の都で恵果和尚《けいかかしょう》より正系の密教を受法し、帰国し上京した大同年間がおよそその境であります。前半生はまだ無名のままに不二《ふに》の法を求めて孜々《しし》として心身の修練を積んでいた青年期であり、後半生は真言密教の宣布者として朝野にその名をうたわれ、著作に、教化に、また社会活動にめざましい働きを示した壮年期がその大半を占めています。

弘法大師の前半生は暗黒の時期であり、苦難の時代であって、後半生のあの栄光にみちた輝かしい人生からは、想像もつかない逆境の連続でありました。人間の真価が発揮されるのは得意絶頂の時代ではありません。逆境にあっていかにそれに耐え、いかにそれを乗り超えていったか、そこにわれわれが学ぶべき多くの教訓が示されているのです。

大師の前半生のなかでも、出家の宣言書ともいうべき『三教指帰《さんごうしいき》』を著わした二十四歳から、三十一歳で中国に留学するまでの七年間、歴史の表面からその姿を消します。世俗的な栄誉につながる大学生活をおしげもなく放棄し、朝廷からも正式に認められない山林修行者のなかに身を投ずるのです。それはみずからの意志で選んだ道とはいえ、決して日のあたる場所ではありませんでした。だがこの暗黒の時代に深山幽谷を踏破しつつ身心の修練を積んだ経験が、のちに高野山の開創につながり、黙々とはげんだ語学の学習が、中国留学においてみごとに花開くのです。

日のあたらない時代、それは自分ではどうしようもなく長い月日に感じられるものであります。人はこのような陰の時期に耐えきれず、みずからの道をあやまる。だが大師はこの埋れた七年の年月にだまって耐え、力を蓄えつつ、つぎの機会のために着々と準備をととのえていたのでした。この屈の姿勢が深ければ深いほど、つぎの伸の時代の飛躍がすばらしい。じっと蓄えられた潜在力が一たび弦を放たれると、真一文字に飛翔するわけであります。

こうした屈の時代を、大師は一度ならず、二度、三度にわたって経験いたしました。中国の都である長安に足を踏み入れて五ヵ月の間、ほとんどその動静はうかがえません。遣唐使一行に随行したため、なんらかの役目に日々忙殺されていたためかもしれません。しかし機が熟して正系の密教を伝えてきた恵果和尚に師事するや、居ならぶ先輩たちをおいて、密教の法をことごとく授けられました。天賦の才能だというだけではなく、黙黙とはげんだ五ヵ月の受法の準備が、このような驚異的な学習成果を生みだしたと考えてよいでしょう。

翌年、帰国ののち、いろいろな理由があって、大師はすぐさま都に入ることができませんでした。筑紫の国でしばらく滞在をよぎなくされます。中国において正系の密教を受け、それによって日本の苦しめる人びとを救済しようと、もえたぎる情熱と、使命感にあふれて帰国した大師を待ちかまえていたそれは最初の蹉跌《さてつ》でありました。だが大師はあせらず、じっと勅命を待つのです。そのつまずきを、中国よりもたらした密教をもって、人びとを救う最も適切な方策をねる絶好の機会と受けとり、日々を充実させつつ入京の際にそなえたのであります。

この雌伏《しふく》の時代がすぎて京に入るや、大師はたちまち天皇の信頼を得て、多方面にわたるめざましい活躍を開始しました。大師の前半生は、このように暗黒の時代の直後に、かならずすばらしい活躍の時代が始まります。一般の人は大師のあの多彩な活動を知っていても、その陰に人知れぬ準備のながい年月があったということに気がつきません。スイスイとなんでも思いのままに、あれほどの大事業がなされたのだと考えがちです。ところが伸の時にえがくアーチの美しさは、屈の深さと密接な比例関係をもっているのです。

大師の伝記を注意して読めば、このようにその生涯はつねに順風満帆でなかったということがよくわかります。後半生のあれほどの多面的で実質的な教化活動は、まさにそのまえの血のにじむような求法の苦闘と、ながく暗い準備、修練の期間があったからこそ可能でありました。それだけではなく、後半生の活躍期においてすら、金剛《こんごう》峰寺《ぶじ》、東寺《とうじ》といった真言密教の道場の建設と整備の経済的な裏づけを求めて、各地の檀越《だんおつ》に悲痛な手紙を送っています。また二度三度の大きな患いに、密教の発展、弟子の養育に心を残し、細かい配慮を示した手紙もあります。大師の生涯はこのように屈と伸とが互いに交錯しながら、弘仁から天長にかけて底知れぬエネルギーを一気に爆発させる飛躍期を迎えるのであります。

壮年期から晩年にかけては、活動につぐ活動の時代であったようにみえます。このように伸につぐ伸の時代にあって、われわれは伸びきることばかりに気をとられがちです。このような時には、他人ばかりか、自分自身をかえりみる精神的な余裕を、えてして失いがちなものです。またとやってこない機会だ、この際、伸びるだけ伸びておかねば、といったガムシャラ精神がややもすれば頭をもたげてくるものです。ここ十数年間、エコノミックアニマルと化した日本人のガンバリズムは、まさにこの精神の権化ともいうべきでありましょう。

俗と非俗

弘法大師の後半生はまことに恵まれた生涯を続けたかに見えます。弘仁以後は朝野の厚い信頼と帰依を柱に、著作に、教化に、弟子の育成に、社会活動に、席のあたたまるを知らない積極的な活躍の連続でありました。この時代には、前半生にいくたびも経験したような暗い日は再び訪れてはきません。こうした伸につぐ伸の時代、動につぐ動の時代にあっても、大師の生きかたのなかには、やはり屈の姿勢がうかがえるのです。この場合は逆境というよりも意識的に作りだされた屈の境遇のようにも思えます。

弘法大師の詩文あるいは手紙のなかに、世俗のわずらわしさを一ときでも早く放棄して、山に入ってひっそりと自分の内面と対談したい、ひとりで禅観を修したいという切実な願いを見出すことも珍しいことではありません。

「わが性、山水《さんすい》になれて人事に疎《うと》し。またこれ浮雲《ふうん》の人なり」（真済作『空海僧都伝』）

「空海弱冠より知命に及ぶまで、山藪《さんそう》を宅とし、禅黙《ぜんもく》を心とす。人事を経《へ》ず、煩砕《はんさい》に耐えず」（『性霊集』巻第四）

「空海、山に入りてよりこのかた、すべて人事を絶却《ぜっきゃく》し、寸陰これ競《きそ》いて、心、仏を摂観《しょうかん》す。夢中の俗事、坐忘するを貴《とおと》しとす」（『高野雑筆集』）

などがそれであります。

日本の知識人の弘法大師に対する評価には、きまった型がかつてはあったようです。どんなことでもそつなくやりこなす万能の天才、朝廷とか貴族に要領よく取り入って、自己の栄達をはかった世事にたけた怪僧等々。一般にはこういった公式的な既成の人物像のなかで処理されてしまっております。

ところが、さきのような文をみますと、世事にたけた俗臭の強烈な人物といった、一般の空海像がいかにもそぐわない感じがいたします。それはなにか意図があって、意識的にゆがめられてきたのではないかという疑いすらおこります。そのほか詩文集ともいうべき『性霊集』、とくにその第一巻や手紙を集めた『高野雑筆集』などには、都塵、俗事への嫌悪、入山、静観に対するはげしい欲求、それだけでなく自身がしばしば修禅に専心したことをうかがわせる記事があちこちにみえるのです。

弘法大師のあれほどの社会的な活躍の裏面には、一人しずかに山中に入って、大自然と対話し、直観智をとぎすました瑜伽《ゆが》の観法がかくされていたわけであります。むこうのほうからやってきた前半生の逆境は、後半生にはほとんど訪れなくなりました。三十歳の半ばからおよそ二十年の間は、真言密教を流布させる基盤をつくるために三面六臂の大活躍の時期です。とうていわが身一つでは足らぬ思いにかられたことが幾度もあったでありましょう。だが目の廻るような忙しさのなかであったればこそ、今度はかえってみずからのほうから、逆境を作りだすことに努められました。それが山中での修禅であり、大宇宙の生命との交流をはかる瑜伽の観法でありました。

世俗社会における超人的な活躍、さらには俗事を嫌悪して山に入っての修禅と観法、弘法大師・空海の持つこういった両面は、一般人の常識では、まったく異質のものにみえます。ややもすればひとは世俗的な華やかさと、脱世俗の静けさといった相反する二面が一人の人物に混在していることに不審の念を抱くかもしれません。ところがこれは矛盾でもなければ、宗派的な立場からのでっちあげの虚構でもない。こういった俗か聖か、動か静かといった西洋的な分別による判断基準の設定は、えてして東洋の思想とか人物の評価を誤らせやすいのです。山中における独居、座禅、観法といった内的な静の面と、都における積極的な社会活動の外的な動の面は、かならずしも相反する両面とはいえません。これらは同一人物のなかに矛盾せず、共存していて不思議はないのです。静との調和が保たれておればこそ、動がより積極化し、永続化したともいえます。なにごとによらず休んだり反省したりすることを知らず、一方的に狂奔しがちなわれわれ現代人に対して、それは大きな鉄槌でもあります。

弘法大師が中国で受け、わが国にもたらした密教は、インドの大乗仏教のなかでも神秘主義的な傾向がとくに顕著であります。したがって、もともと密教というものは、世俗的な性格よりも、脱俗的、閉鎖的な性格が強いものです。本来は人里はなれた森林とか荒野において、ひとり瑜伽観法に耽るといったものであって、それ自体は社会的、活動的な性格に乏しいのです。密教がこういった神秘主義に立脚するかぎり、生れ故郷のインドを離れても、同じような傾向をもちつづけても不思議はありません。したがって弘法大師の思想と行動がつねにこういった脱俗性と根底において密接に繋がっていて当然といえましょう。

このように本質的には世俗性に欠ける密教に、社会的な性格が賦与されたのは中国においてであります。それは密教を鎮護国家の宗教にまで育てあげた不空《ふくう》三蔵の業績といえるでしょう。大師はこの不空三蔵の直系の恵果和尚《けいかかしょう》の付法でありますが、行動の上では多分に不空三蔵を意識しておられる。思想的にも、不空三蔵の影響が強いようです。本来は神秘主義的、非社会的な宗教である密教も、中国と同様に日本に流布し、民族文化との融合といった日本的な変容が要請せられたわけであります。この大事業は不空直系の法を相承して帰国した大師の果すべき役割でもありました。

弘法大師の生涯にみる世俗との密接なかかわり合いは、こういった歴史的な意味をもっていました。したがって、その対社会活動は、国家権力に対する迎合、狡猾な処世術の行使、俗化、濁世の容認といった公式的な枠組みのなかでは処理できないものをもっております。それに近代的な人物評価の基準を適用しようとしたところに無理が生じたようです。日本の近代知識人の空海像がいびつにゆがんだまま定着してきた理由がここにあるのです。

このように近代的なはかりの目盛を超越した人物であるからこそ、われわれがそこから現代生活の構造的なひずみに対する適切な警告を聞くことも可能となります。現実世界に対して根づよい否定精神をもって、山に入り瑜伽観法を修し、大自然との融合をはかりつつ、世間的な分別の知恵を浄化する。そのうえでもう一度、世俗にたちかえり、それを質的に変化させて、大きく生きかえらせるわけです。

物質尊重の享楽的な風潮に同ぜず、とはいえ、精神至上主義にもはしらず、一切の対立観念を超越した生命の根底と直結した自在な生きかた、現実世界から逃げ出さず、かえって現実の濁世のなかに、かけがえのない価値を見出して、理想世界化しようとしたエネルギッシュな生きかた、その具体的な姿を、私は弘法大師・空海の生涯のなかに見つけました。それはいつのころからか、私のささやかな生の歩みの指針ともなっていたのであります。

密教神話の解釈

最近、密教がブームと呼ばれるほど人びとの関心を呼んでおります。弘法大師の御入定千百五十年の御遠忌をひかえて、街の本屋さんの店頭には密教関係、弘法大師の生涯や思想についての本が、かなり多く並べられるようになったことも事実です。密教の美術展とか講演会には、多くの人が押しかけてくるようになりました。

密教の瞑想法に関心を示し、色彩ゆたかな密教美術にひかれて展覧会場に足を運んだり、弘法大師の思想の深さを現代人向けにわかりやすく指摘されて感嘆し、真言密教を再評価しようとする人たちも増えてまいりました。

ところが、そうした密教に新しい目を向け、関心をもった人々とお会いしてお話をしてみると「密教は面白いのだけれども、どうしてもわからない。うさんくさい。」と首をかしげたり、馬鹿馬鹿しい話が多すぎると顔をしかめる方も少なくないようです。一方で関心をもちながら、一方でどうしてもついていけないと人びとを嘆かせるのは、密教の伝説とか、真言の高僧たちにいつもついて回る奇蹟談、それが全部とはいえないにしても、大きな原因になっていることは、十分予想されます。

深信と信解

なるほど、密教には神秘的な話がいろいろたくさんつきまとっています。お寺の縁起や本尊さんのあらたかな霊験談を真顔でしゃべるご住職のそばで、しらけた様子で、それでも真面目そうな顔をして聞き入っている信者さんの心情といったところでしょうか。

密教の伝説とか奇蹟談もおおむねお寺の縁起や開祖のありがたい神秘的なお話と同じ次元で捉えられているようです。どこか作意がある。それほどでもない材料を、大いに水増しして、ありがたい話にしてしまう、そういったごまかしがあるのではなかろうか。うさんくさい。真面目に聞くには、どうもまゆつばものだといった気持が、心のどこかにひそんでいるのも無理からぬことと思います。

神秘的な話は、それは伝説としては受け取られるけれども、まともな事実とはとても考えられない。それを頭から信じているのは、根っからの篤信者で、一般の人たちにとってかなり割り引きして考えてみなければならぬ、と思っている方も少なくありません。神秘的な話は、近代人にとって、真顔で語ったり、聞いたりする雰囲気に乏しいような気がいたします。

私も大学生時代、高野山の宿坊から通学いたしておりました。いまのように専門の案内人のいなかった時代ですから、団体などがお参りに来ると「今日はお前、大学を休んで案内してこい」と命ぜられ、伽藍や奥の院に団参の方がたをひき連れて、案内して回ったことがよくありました。

高野山には、神話や伝説がたくさんあります。それをどのように参詣の方がたに話をするか。二十歳前後の生意気ざかりの学生にはとてもつらかった、あるいは真面目に説明するのは恥ずかしかった、そういう記憶だけが残っています。

たとえば伽藍に案内して、三鈷《さんこ》の松の前に立ち「弘法大師は中国での学習を終え、日本に帰るとき、真言密教の法を弘める一番よい土地を教えてほしい、と祈って、明州の海岸から三鈷を投げられましたが、それがこの高野山の松の枝にかかり、大師はこの土地を探しあてられました」――そういえばよいのに、わざわざ最後に「……といわれています」とか、「……という伝説があります」と、必ず付け加えました。

伝説はこういうことだけれども、自分は近代人であるから、そんな馬鹿らしい話は頭から信じてはいない、というところを見せようとして、「……といわれています」

という言葉をわざわざ付け加えて、自分だけは伝説の枠外にあることを表明しようとした、にがい思い出があります。

奥の院へ案内して「ここに弘法大師はいまも生きたままのお姿で、われわれを見守って下さっております」とは、どうもはっきり言えなかった。そこには若さのてらいがあったように思われます。

真言宗の青年布教師のみなさんたちにも、やはりこういう悩みとか、未解決の問題があった、あるいはいま持ちつづけている、という方が多いのではないか、と想像します。

私は大学を出てから、はからずも学問の道に進ませていただいてきましたが、いつもこの問題が頭から離れない。学問とか研究というのは、いつも対象を冷静にみつめ、客観的な判断を下さねばならない。しかし一方では、私も真言宗の一教師として、真言宗の教理とか歴史のなかにある神秘的な要素を、頭から否定してしまうというわけにもいかない。どうしたらよいか。

一応、自分を二つに分けて、研究者としての立場と、僧侶としての立場と、この両面を適宜使い分けてきました。僧籍をもつ多くの学者は、大なり小なりこういった二つの立場を、あっちを出したり、こっちを出したりしているといってよいのではないかと思います。それでもやはり、どこか落ち着きの悪いことも事実です。

　こうした生半可な立場で過ごしているうちに『大日経疏《だいにちきょうそ》』を読んでいて、ちょっと気にかかる個所に出会いました。『大日経疏』というのは、ご承知の通り、真言密教で重要視される『大日経』に対して、善無畏《ぜんむい》と一行《いちぎょう》というすぐれた学僧が、漢訳をしながらこまごまと別に注釈を加えた書物です。その第三巻で、『大日経』では具《ぐ》縁品《えんぼん》第二を注釈している個所で、信について述べたところがございます。

　そこに、信には二種類ある。それは深信《じんしん》つまり捨攞駄 śraddhā と、信解《しんげ》つまり阿毗目底 adhimukti である、と述べ、ついでこの二種の信について簡単な説明が加えられております。が、さらにつづめていえば、深信とは、文句なしに頭から信じてしまうことであり、信解とはなんらかの「あかし」を得て信に進むというタイプの信のことをいいます。勿論、信解からさらに深信に入っていくこともできますし、深信が信解によって、さらに深まっていくこともある。どちらか一方だけというものではなく、相互に融通しあうというわけで、どちらが上で、どちらが下ということはありません。しかし、信の二つのタイプであることは確かです。

　この深信と信解の二つの信のあり方は、非常に面白いと私は思いました。昔の人だって、不思議なことに、素直についていける人と、いけない人があった。奇蹟とか不可思議な話をそのまま信じ、それに従って行動できる人も大勢おります。けれども、なにかの証を見てはじめて確信するとか、理屈によって納得して信に向かうという人もいるわけです。

私はここで、二種の信のうち、深信をもつ人に対して、なにかと申し上げるつもりはございません。弘法大師のおかげを現に授かり、その信仰に生きている方がたの信について、とやかくいおうというのではありません。もう一つの方、つまり密教の神話とか奇蹟について、なにか納得のいく解釈が与えられれば、密教についての信をもてる、あるいはオーガナイザーにはなれなくてもシンパくらいにはなれるという人に対して、どういう風にそれを説明していくか、という問題を取り上げようとしているのです。

現代人にはこういう人が少なくないはずです。深信をもつ真言宗内の篤信者さんたちにではなく、信解を求めている人たちに対してです。現代人のなかに、広く密教に対する関心を高めていくためには、密教神話の解釈ということも避けて通ることはできないでしょう。そんな人にかまっていても、お賽銭にもならないという勘定高い坊さんの声は聞き流してしまいます。

現代人の理性の枠の内で密教の理解を求めるということは、なかなかむずかしいことには違いありません。がそれをやらないで、密教の復権、弘法大師の教学の再評価をいくら叫んでみても空しいことです。

奇蹟談、神話、不可思議な話というものはなにも密教に限ったことではありません。釈尊の伝記にもいくつもありますし、キリスト教でも、イスラム教でも、例外ではないようです。

キリスト教の福音書の記述を、近代人の合理的な思考のなかで解釈するにはどうしたらよいか、という問題も、今世紀になってからキリスト教の神学者の間でさかんに論じられているようです。ブルトマンの説く非神話化というのも、そうした試みの一つとみてよいでしょう。

ただ、ここで非神話化といいましても、近代人の合理的な判断の枠を超えたものは、全部つくり話であるとか、にせものだときめてしまって、非合理的な要素をすっかりはぎとってしまったら、最後に真実なものが残る、といった単純なものではなさそうです。

イエスとか、釈尊とか弘法大師の伝記の不可解な部分は、すべて後世の人たちの贔屓とか、尊敬のあまり付け加えたものであるから、これらを取り除けば、本当のものが残るといった考えから、合理的な人間像を描こうとした人たちもかつて少なからずいたようです。人間イエス、人間釈迦、人間空海といった表現がもてはやされたこともありました。

しかし、なにも人間イエスであったり、人間釈迦であっただけならば、伝記が出来たり、宗教的な指導者として永く尊敬されることもありますまい。通常の人間とは違ったものを持ち、普通人の能力を超えた行動をなしたから偉人として尊敬されてきたので、それを奇蹟とか神話の形で伝えようとした昔の人たちの語りぐちを、頭から否定してしまっては、元も子もなくしてしまいます。

われわれは、奇蹟談とか神話を、そのまま信ぜよ、といわれれば抵抗があります。しかし、それらをばっさり切り取ってしまっても真実なものはなにも残りません。信解によってはじめて宗教に関心をもつ人に対しては、奇蹟とか神話を生み出した背景というか、原因を見据えること、そして昔の人たちが不思議談という形を通じてなにをわれわれに訴えようとしてきたのか、奇蹟とか神話のなかの非合理的な要素の排除ではなく、奇蹟とか神話を合理的に解釈することによって、その意味を知り、納得しつつそのなかに入っていくことが必要となってまいりましょう。

密教の神話、あるいは現代のわれわれの常識では考えられない事柄を、どのように合理的に理解するか、といった問題について、少し例をあげてご説明申し上げたいと思います。

龍樹伝説

真言密教をインドから中国、そして日本の弘法大師に伝えた祖師たちがおられます。みなさんよくご承知の大日如来、金剛薩埵、龍猛、龍智、金剛智、不空、恵果、弘法の八祖です。

このうち大日如来と金剛薩埵は、教理上の祖師で、龍猛以下の六祖は歴史上の人物である、と一般に考えられています。そして真言密教の伝統説では、龍猛菩薩は八宗の祖といわれる龍樹と同一人とみなされるのです。

龍樹は仏滅後八百年ころ南インドに出て『入中論《にゅうちゅうろん》』をはじめ大乗仏教の空の思想を説いた大学者で、現在の学界でも、その生存年代は二世紀の後半から三世紀の前半ころというのがほぼ定説となっています。

真言密教の伝統説では、龍猛と龍智は七百歳とか八百歳の長寿であったとされます。普通、われわれの常識では、百歳くらいはまあ考えられるとして、数百歳の長寿というのはとても考えられない。おかしいと思ってしまいます。まずそこに、なにかごまかしがあるように感じるのも当然のことでしょう。

金剛智以下は、中国で活躍した人で、中国の歴史とか僧伝の上で、確実に年代が捉えられます。史書によれば、金剛智はほぼ七世紀後半から八世紀はじめにかけての人だということは疑えません。

そこで、龍猛、龍智と金剛智を結びつけるために、この二人を通常の年齢では足らず、思いきり引き延ばしたのだ、と疑いの目を向けるわけです。昭和のはじめころ、真言宗団外のある学者は、真言宗の伝統説のなかにある龍猛の伝記を検討して、真言密教でいう龍猛は大乗仏教の三世紀の龍樹とは別人であることを論証しました。

さあ真言宗団の側は大変です。祖師の龍猛が八宗の祖である龍樹とは別人だといわれれば、真言密教は大乗仏教の仲間入りをさせてもらえないわけですから、必死になって、龍猛は龍樹と同一人だと叫びつづけました。

しかし、大乗仏教の龍樹作といわれる著作には、密教関係のものは見あたりません。一方、真言宗のなかで、龍猛作といわれる『釈摩訶衍論《しゃくまかえんろん》』や『菩提心論《ぼだいしんろん》』は、文献学的にみれば龍樹の作とは考えられません。その疑いはなにも今にはじまったものではなく、『釈摩訶衍論』に対する偽作説の提唱は、すでに千年以上も前に淡海三船《おうみのみふね》や最澄からも出されていたものなのです。

私が考えますに、龍樹を一人か二人かという議論は、そもそもおかしいことです。

真言密教の龍猛が大乗仏教の龍樹と同一人だと、学問的にみてどうしてもそう考えられないのに、宗学の権威にかけて、しゃにむに一人にしてしまうというのは無茶です。そうしたごり押しは一般に信頼されないでしょう。

しかし、学問の成果からすれば、龍樹と龍猛は別人だから「真言宗の相承系譜についての伝統説はまゆつばだ」というのも行き過ぎです。

最近の研究では、龍樹は二人くらいではなく、七人も八人もいたことが分かってきました。ヨーロッパのすぐれた仏教学者であるラモット教授によれば、『大智度論《だいちどろん》』を書いた龍樹は、『中論《ちゅうろん》』の作者の龍樹とは別人だろう、ということです。私の研究でも、龍樹は、三世紀と七世紀の二人ではなく、八世紀にも九世紀にも十一世紀にも出ております。

われわれは、現在のインド学、仏教学の成果からみると、龍樹の多数説をとらざるを得ません。私はインドで、龍樹と名のつく学者は、三世紀から十三世紀初めに密教がインドで滅びるまでの間に、無数に出た、と思っています。

だからといって、真言密教の相承説がくつがえるとは考えないのです。龍樹が二人いるから、真言密教の相承系譜は捏造だという主張も馬鹿げたことです。現代人は西洋的な考え方に立って、作品には必ず固有の作者がいると考えます。彫刻にしても、絵画にしても、文学作品にしても、誰だれの作ということが重要視されます。それだけ個が大切にされていると考えていいでしょう。

ところが東洋人、とくにインドの伝統文化では、誰だれという個よりも、全体が重視されます。彫刻、絵画などに作者名が残されていることはきわめて稀なことです。仏典でも、だれか作者がいたはずであるのに、すべて仏説となっています。誰が作ったかというより、全体の伝統のなかで生み出されたのであって、そこでは個人の名は消えてしまうのが普通です。

身近なところでは、歌舞伎とか、邦楽など日本の伝統的な芸能とか、老舗など、個人名よりも伝統的な名が表にたちます。襲名というのがそれでしょう。東洋人の考え方では、それが当然のことと思われてきました。

龍樹が一人か二人かという議論も、よく考えてみれば滑稽なことです。龍樹が何人いてもかまわないじゃないですか。龍樹の伝統を受け継ぎ、あるいは龍樹の啓示を受けて書いた作品には、個人の名が消えて、龍樹作としてもちっともおかしくない。それが東洋の宗教では普通です。

龍猛、龍智と金剛智を結びつけるために、年齢の延長を故意にやったと、伝統説を頭から否認するよりも、もう少し深くその背景を考えてみる必要があります。年齢の延長の必要のない、いいかえればなにも金剛智と結びつける必要のないチベット系統の龍猛、龍智伝でも、いずれも数百年の長寿説をとっていることも、われわれは考慮せねばならないと思います。

非合理だから、伝統説はなにもかも、うさんくさい、でたらめだ、といってしまえば、その背景にある本当の姿を見落としてしまうことになりそうです。こういった意味で、われわれは密教の伝説や奇蹟の非神話化を注意して行なう必要があるといってよいでしょう。

入定か入滅か

つぎに、こういった問題でどうしても取り上げておかねばならないのは、弘法大師の入定留身《にゅうじょうるしん》の解釈です。ことしは大師御入定千百五十年の記念すべき法要が各地の真言宗寺院や本山でとり行なわれます。盛大な密教儀礼が各地でくりひろげられ、たくさんの団参の方がたで賑わうことでしょう。

ところが、大師の入定ということの意味が、それほどはっきり一般の方々に受け止められていないように思えます。大師はいまなお生きたままのお姿で、高野山の奥の院に御入定になり、弥勒菩薩の出現を待って、苦しむ人びとの救済に現にあたっておられる、という入定留身の信仰は、大師信者の方がたの間で根づよく持ち続けられております。大師のおかげを受けて、危ない生命を助けられたり、難病を治していただいたという方は、日本全国で数限りなくいらっしゃいます。

その一方で、大師は入定したのではなく、承和二年（八三五）に高野山で入滅したのだ、と主張する方も少なからずおります。常識から考えて、生身の体をもって千年余も生き続けている、と考えるのはおかしい。こういった意見は、すでに江戸時代の国学者からの真言宗批判のなかにも現われていますし、現に新興の仏教団体からも、こういった形で非難されることがないわけではありません。

研究者のなかからは、平安の初期までは、入定というのは禅定に入ることを意味し、留身のことではない。『続日本後紀』などの国の正史では、火葬に付したとみられる記述がある。弘法大師には来世に弥勒の出世を待つという信仰はなく、それは平安中期以後に、主として天台宗系の僧侶のなかにおこった信仰である。また大師以後に衰退した高野山の教団の立て直しには、大師の入定留身の信仰が必要であった、等々の理由を挙げて、大師は入定ではなく、入滅であった。入定信仰は延喜二十一年（九二一）の弘法大師の諡号の下賜以後、治安三年（一〇二三）、道長が登山して、大師入定のさまを見たころまでの間におこったと推定しております。

こうしたところから、大師は入定か、それとも入滅か、あれか、これかの議論が出てまいります。宗団サイドからは、大師信仰の由々しき問題として、入定留身説を絶対崩すことはありません。

しかし、真言宗の教師一人一人では、どうも充分それに納得がいかない。やはり大師は入滅とみたほうが合理的ではないか、と考えているかたも少なくないようです。

このような内心に迷いを持っていては、説得力のあるパンチのきいた布教も、おそらく出来ますまい。日本の知識階級の人たちに、また理屈のすきな若者たちに、真言密教のよさを説き聞かすということは、おそらく不可能でしょう。

もう一度ここで改めてお断りしておかねばならぬことがございます。大師に救われ、大師信仰一筋に生きている深信をもつ信徒の方がたに対しては、その純粋なご信仰をますます深めていただくよう、いろいろお手伝いさせていただかねばならぬことは、申し上げるまでもありません。が、信解によって、はじめて密教のすばらしさを知る人たちに対しては、あまり不合理なことを無批判に話していると、相手にしてくれなくなるでしょう。信仰の押し売りは、かえって逆効果を生じないとも限りません。

さて、弘法大師の入定について、それは生身の留身を意味する入定か、さもなければ死去を意味する入滅か、どちらかという議論は、信解の人にとってそれほど重要なこととは思われません。私はやはり現在の学術成果に立って、それは入滅であったとみたほうが自然だと思います。

しかし、それが入滅であったとしても、それでは、わが国にたくさんの宗派があり、多くの祖師がいらっしゃるのに、なぜ弘法大師だけに入定留身の信仰が生まれ、長い間人びとの間で根強く持ちつづけられているのか、その入定信仰の意味をたずねてみることが必要ではないかと思います。弥勒信仰が三論宗のなかでもたれ、天台宗にひきつがれて、それが真言宗に影響を与え、弘法大師の入定信仰に付加された、ということは、充分予想されることではありますが、それならば、なぜ伝教大師のほうにも弥勒出世の信仰がもたれなかったのでしょうか。

弘法大師にだけ、わが国で入定留身の信仰が持たれるようになったのには、教団の社会経済的な、歴史的な原因がいくつかあったにしても、やはりそれが弘法大師の思想背景、密教の教理とか歴史とまったく無関係だというわけにもいかないでしょう。大師が入滅か入定かという従来の議論のなかに、密教思想に対する考慮がほとんど払われていないのは不思議なことです。

入定という言葉は、もともと禅定に入るという意味です。弘法大師ご自身の著作、あるいは同時代の人たちのこの言葉の用例を調べても、その他の意味は見当たりません。

禅定とは何か。それは瑜伽、ヨーガのことです。禅定とか瑜伽は、原始仏教以来、悟りにいたる重要な方法であったわけですが、密教では法身《ほっしん》である大日如来、すなわち大宇宙（マクロコスム）と、自己すなわち小宇宙（ミクロコスム）が一体であることを悟る観法です。

密教の行者は、すべて瑜伽に入って大宇宙と一体化することが、まず要請されます。若年より山林を跋渉《ばっしょう》し、修行を積んだのち、不二《ふに》の法を求めて入唐し、恵果という大阿闍梨《あじゃり》について密教を授かった沙門《しゃもん》空海は、灌頂を受けて、遍照金剛《へんじょうこんごう》に生まれ変わります。法身《ほっしん》大日如来と瑜伽の観法を通じて一体化した大師は、大日如来の永遠の生命をわがものとしたという意味をもった遍照金剛となったのです。

釈尊の入滅後百年ほどたって、仏教教団のなかで、二つの大きな流れが出てきました。一つは釈尊の教えを、形通り守っていこうとする上座部《じょうざぶ》系の人たちで、もう一つは釈尊の教えを形よりも、その精神を重んじていこうとする大衆部《だいしゅうぶ》系統の人たちです。のちに前者は小乗仏教に、後者は大乗仏教に展開して参ります。

上座部系統の考え方では、釈尊は八十年の生涯を全うした偉人で、その説かれた教えを厳格に守っていこうとします。一方、大衆部系統の考えでは、歴史上の釈尊はなるほど八十年の生涯を終えたけれども、釈尊の悟りを成り立たせた真理そのものは、つねに永遠であって、如来の身は滅したものではないと主張します。この考えが大乗仏教にも受け継がれ、如来の身体は無限で、その力や寿命も無限である、とか、仏陀はつねに禅定に入っているのだと考えるのです。

『法華経』に説く久遠実成《くおんじつじょう》という説も、このような考えによっており、これが大乗仏教の仏身観《ぶっしんかん》の骨子となっている、といってよいでしょう。

宗教的な偉人は、単に数十年の生命に限られるとみるのは、あまりにも惜しい。その生命は悠久の過去から久遠の未来まで不滅と考えるのは、大乗仏教の思想からいって、それほど不思議なことではありません。

日本仏教は、中国大陸を経て伝えられたため、現実的な中国思想に多くの点で影響を受けていて、日本仏教の祖師がたには、永遠の生命を現に得る、という信仰が生まれなかったのでしょうか。インド的な色彩を濃厚にもった密教のなかだけに、法身《ほっしん》との一体化、永遠の生命という考えが表面化したのかもしれません。

つぎに留身《るしん》の意味を考えてみなくてはなりません。密教経典のなかでも、とりわけ重要視される『大日経』のなかに「方便《ほうべん》を究竟《くきょう》とす」という有名な言葉があるのを、みなさまもよくご承知のことと思います。仏教経典のなかでは、高速な理論が説かれ、密教経典のなかに、すぐれた瑜伽の観法が説かれていても、最終的には、現実世界における衆生救済のために、それが活用されねば、すべて無意味です。

大乗仏教の思想を推し進めた密教では、徹底した現実の重視を説き、現実のなかにこそ、理想の世界、仏国土があると主張いたします。密厳浄土《みつごんじょうど》とか、即事而真《そくじにしん》という語がそれを端的に示しています。

しかし、大乗仏教が、またそれを推し進めた密教が、現実重視の立場をとるといっても、全面的に世俗を肯定するわけではありません。世俗を否定した非俗の世界に入ってのち、再び世俗に出て活動することが究極の目的なのです。一たん非俗、すなわち聖なる世界を踏まえた上で、もう一度、俗にたちかえり、それを肯定する、いわゆる大肯定の世界がそこにひろがってまいります。大乗仏教は大なり小なり、こういった世俗へのひろがりを問題にいたしますが、密教はそのなかでも、極端な形で現実肯定に取り組んだといってよいでしょう。

この俗と非俗の関係で、弘法大師の生涯を一度見直してみましょう。大師の生涯を注意深くたずねてみると、俗と非俗が互いにみごとに交錯していることに気がつきます。まず誕生から大学を中途退学する青年前期までは、俗の世界とみてよいでしょう。讃岐の国造の家系に生まれ、官界での栄誉を約束する都の大学に入ったまでの生涯の出発点は、まさに世俗の世界そのものです。

一人の沙門に会い、虚空蔵求聞持《こくうぞうぐもんじ》の法をさずかり、山林に入り、苦修練行に没頭した青年時代後半、つまり三十一歳の入唐までの生涯は、まさに非俗の世界に入りきることに専心したとみられましょう。

ついで、中国の都であった長安の青龍寺で、恵果和尚より両部の真言密教の灌頂を受け、日本に帰って、真言密教の宣布に命をかけた壮年時代は、世俗の世界における活躍期といえます。

世俗世界での活躍を重視し、方便を究竟とする密教の相承者は、現実世界のなかに、大乗仏教の理想の実現を目指し、朝廷に働きかけ、また民衆の福祉を願って、数々の対社会活動を続けたとみていいでしょう。

仏教の理想を、世俗からの出離に求める古い仏教観をもっている一部の学者から、空海は世渡りのうまい仏教者らしくない人物とみられますが、こういった見方しかできない人は、本当の大乗仏教とは何か、ということをまったく知らない人たちなのです。

大師は三十歳代の後半から、中国において授かった密教の理想を実現するため、大車輪の活動が始まりますが、一方では、インド以来の密教の伝統である瑜伽観法の重要性についても忘れてはおられません。弘仁七年（八一六）に、高野山の開創を朝廷に願い出たことは、みずから世俗の生活のなかにあって、非俗の世界である瑜伽の観法を、心ゆくまで行ずる適地を求めたということです。

このころから、大師は都にあっては密教宣布と、それに基づく対社会活動という世俗の生活と、山林に独坐して専ら内面をみつめ、大宇宙と一体となる瑜伽の観法、非俗の生活への没入の願いが、互いに調和しながら一つの流れを形づくっています。

ところが、大師は晩年になるほど、非俗の生活への傾斜が激しくなり、天長八年（八三一）に、大僧都の辞任を朝廷に乞うたころから、高野山に隠棲しようとする願いがはっきり表面化してまいります。そして遂に高野の深山において永遠の定に入ってしまわれます。

俗―非俗―俗―非俗と交錯する大師の生涯において、最終的には非俗の聖なる世界に入ってしまわれるわけですが、どうしても聖なる世界にのみ永遠に入りびたってしまうわけにはいかないのが密教の理想です。こういった関係を、後の人たちが知っていたか、あるいは知らなかったか、やはり大師よもう一度、俗なる世界に帰り給え、と願うこともそれほどおかしくはない。それが大師の入定《にゅうじょう》留身《るしん》の信仰につながっていったとみても、それほど不自然なことではないようです。

大師の晩年に当たる天長九年（八三二）に、高野山において、万灯万華《まんとうまんげ》の大会が行なわれ、『性霊集《しょうりょうしゅう》』巻第八には、その願文が残っております。そのなかで、大師は、「虚空尽き、衆生尽き、涅槃尽きなば、我が願いも尽きん」とおっしゃっています。途方もなく大きな願いです。

この世の中に、果てしない大空がある限り、生きとし生けるものが一人でも残っている限り、悟りというものがある限り、私の願いは尽きない、というわけですから、この願文をみただけでも、大師の衆生救済の願いが桁はずれに大きく、高野の山に入りこみ、永遠に眠りつづけるというわけにはまいりません。

この誓願こそ、永遠なる宗教的生命への飛翔であり、また現実への回帰の原点というべきでありましょう。

密教の神話とか伝説のなかには、合理的な判断からすると、不可解なものも少なくありません。それを全面的に信ずるのが本来の立場です。しかし、それが出来ないからといって、不合理と思えるものをすべて葬り去ってしまって、人間龍樹、人間空海伝を作ってみたところが、それが真実の伝記というわけにもまいりません。そういった密教の不可思議な話を通じて、昔の人たちがわれわれにどういった密教の真実を伝えようとしたかを、もう一度考え直してみる必要があるように、私は考えております。

東洋思想と教育

アジアの伝統・西洋の伝統

近畿地方の中学校の校長先生の大会に、私をお招き下さいまして、教育についてお話をするよう申されました。そこで今日は日頃私の専門といたしております東洋の思想から、教育についてお話をさせていただいて、なにか皆様にご参考になることがあればと思って、参上させていただいたわけでございます。

私は十年ほど前に一度ネパールの奥地に、またここ二、三年は毎年つづけて、西チベットのラダック地方という山奥の僻地に、仏教の思想とか文化が、どのようにアジア各地に広がり、受け入れられているかということを調べるために、学術調査に出かけ、いろいろな体験をいたしました。

山奥と申しましても、富士山の頂上くらいの高さのところでして、富士山の頂上というより海抜三千五百メートルくらいの八合目か九合目といった位の所がベースキャンプになりまして、そこから四千メートル五千メートルの峠をこえて、ヒマラヤの山奥にあちこち散らばっているお寺を調査して廻ってきたわけであります。そしてそういう寺院を調査しているうちに、いろいろな資料も集まってくるわけでございます。そのうちに、私たち調査をするほうと調査をされる人たちとの気持がお互いに伝わり、現地の人たちはたいへん喜んで私たちに協力してくれるようになりました。

私たちは貧乏隊でございますが、入っていったところもやはり貧しい村でした。たいへん人がよろしゅうございまして、私たちがすでに忘れてしまっているような人間の親切さというものを身体全体であらわして応対してくれるといった状況でした。こういう人たちとつき合っておりますと、私たちが一段と上に立ってお前たちを調査するんだとか、お前たちの古い文化財を調べるというような、そういった思い上った気持がだんだんなくなってきました。そしてこの人たちと一緒に、この人たちのために、なにかお役に立つようなことをどうしたらいいんだろうかというようなことを、自分たちの本来の調査とは別に、一ヵ月、二ヵ月と日を過ごすうちに考えるようになりました。

まあそういうことを申しましても、私自身インドとかチベットというような低開発国と申しますか、あまり現代文明の恩恵に浴していない地域のことを専門にいたしておりますものですから、外国へ行くと言いましてもヨーロッパとかアメリカというような、そういう文化の進んだ所へはそれほどたびたび訪れることがございません。ほとんどやはりインドとか西チベットとかネパールとかいったところの山歩きが私の仕事になっているわけであります。

私自身いろいろ学問というものをやってまいりましたが、そういう現地調査というのは最近やり始めたばかりであります。私の学生時代というのは戦争時代あるいは戦後すぐの時代でして、スポーツもなにも出来ませんし、ほんとに趣味もなにも持たない。登山というスポーツが全くない時代でしたし、日本の山歩きをしたことがないわけです。そんな私が五十歳近くになってヒマラヤの山歩きをやってきた。これはなぜ出来たか。それは私自身やはり堪えることを知っていると申しますか、少々の苦しみぐらいは自分でなんとか処理できるという気持があって、苦労の一つや二ついつでも克服していけるという自信を持っていたからだと思います。

その一端をお話しますと、まず食物がないわけです。食物がないといったって日本から持っていけばよいと皆さんおっしゃるわけですけれども、学術調査をやる時に日本から持っていって、そして自分たちだけがいい物を食べて、現地の人たちに金を払ってアゴで使ってということをしていたのでは、おそらく調査にならないわけでございます。現地の人と同じような物を食べながら同じような行動をして、そして仲間同然に一緒に暮していくうちに、彼等は自分たちのいろいろなことに協力して、文化財のある寺にも一緒に行ってくれますし、私たちに便宜を取り計らってくれるようになってくる。

そうなってきますと彼等は「日本人はいい」と言うんですね。逆にいえばどうも西洋人とつき合うのはかなわないと言うわけです。というのが、日本人というのはどことなしにやはり自分たちを家族的に扱ってくれる。そして自分たちと一緒に行動してくれるけれど、西洋の人たちはビジネス関係がはっきりしていて、どうしても親しみが持てない。日本人は家族同様につき合ってくれる。「いろいろお世話になり、ご苦労をかけたけれど、あなたの奥さんに一ぺんお目にかかりたいものだ」ということばが日本人から出てくると言うのですね。ところが西洋人は決してそんなことを言わないというのです。西洋人は現地の人たちの家族と会いたいというようなことは決して言わない。そのポーターとかガイドとかと金銭契約を結んで、労働力そのものを買っているわけですから、家族とはちっとも関係がないと言うのです。ところが使われるほうにとってみては一ヵ月、二ヵ月一緒に行動していますと、あなたの家族はどんな人だとか、お子さんが何人おるんだとか、という話が出てくるほうが自然ですし、あるいはそういう気持の交流がこの人たちのためにいろいろお手伝いをしようという気持をおこさせるのだ、と現地の人たちが言っておりました。

そういうところを見ますと、どうも私たちが今まで日本的なものだと思っていたようなもので、どちらかと言えば表に出すのを遠慮していたようなことが、かえってアジアの人たちとつき合う上には役に立ってくる。ヨーロッパ人やアメリカ人は自分たちの持ってきたのは自分たちで食べるという。それはそれでいいと思うのですが、日本人は一緒に食べようと言う。同じ釜の飯という気持ですね。それがやはり嬉しいわけです。アジア人の私たちがアジアの人たちとつき合う方法として、ヨーロッパ人やアメリカ人のまねをしすぎておった気がするわけなんです。

今から十年程前に日本の総理大臣がアジアの国をあちこち廻って袋だたきにあうようなことがあったわけですけれど、私は十数年前からインドなどで、旅行ではなくしばらく住みついたかたちで、現地の人と交渉をもってきましたが、われわれが日本で考えていたことはどうもまちがっているなというか、ちょっとずれてるなという感じが随分といたしました。というのは、やはりそういうアジアの人たちと一緒に暮していると、日本人も西洋的なものの考え方とはちがった考え方をするようになると思います。まあそのようなことについて今日は少しお話していきたいと思っているわけです。

私の専門はインドとかチベットという東洋のことでして、学問的な研究でもそういうところを専門領域にしております。また私の住んでいるのは山奥の高野山という辺鄙な所ですけれど、案外外国人がよくやってまいります。あるいはこちらがいろいろな所へ行って、自分の専門のインドあるいはチベットの学問についてヨーロッパやアメリカの学者と話をする機会もあります。そういう人たちにインドとかチベットの話を私自身しに行くのですけれど、どうもその人たちが一番最初に聞いてくる質問というのはインドとかチベットの話ではないのです。例えばドイツ人と話をするような場合、そのドイツ人もインドやチベットの専門の学者であって、その人が日本に来る、高野山に来る、あるいはこちらがむこうに行くという時など、まず専門の話をもう一寸深めてお互いに学術的な交流をしようというふうに思って話をしかけるんですけれど、どうものってこない。インドの話をここへおいといて、そしてあなたに聞きたいことがあるんだと出て来るわけです。

一体なんだというと、インドの話ではなくて、あなたに日本の話を聞きたいということなんです。日本の文学なり日本の宗教なり日本の社会の構造なりいろいろなことをあなたに尋ねたいんだと、こういうふうに聞いてくるわけですね。これは最初のうちは私自身非常に心外でありまして、私の専門がインドなりチベットなりというところだのに、なぜ私に専門外の日本のことを聞いてくるのかと、いささかおだやかならざるものがあったわけです。ところがドイツ人に会おうが、イギリス人に会おうが、フランス人に会おうが、やはり同じような質問がいつとはなしに出て来るのです。どうしても話の主題が知らぬうちに日本のことに移ってくるという経験を二度三度くりかえしているうちに、どうかしてこちらも一度は聞いてみたいと思って、なぜ私に専門以外の日本のことをそんなに聞いてくるのかと問い返したことがあるんです。

そうすると、あなたがインドやチベットの学術的なものをいろいろ現地調査もやっているし、勉強しているのは知っているけれども、あなたに日本のことを聞くのはあなたが日本人だからだと、こういう答が返ってきたわけです。考えてみますとこれは非常に大切なことではないかと思うんです。私はインドなりチベットなりというアジアの地域の宗教や文化を自分の専門領域にしておりますけれども、むこうの人にとっては、お前は日本人であるから日本のことを聞くのは一番確かであろう。この一番確かであろうといったこのことが、一つの国の人からだけではなしに、いろいろの国の人たちから聞かされたということは、ヨーロッパ人なりアメリカ人の考えていることが大体同じであるという、荒っぽい考え方ですが、どうもそのように感じられるのです。

いろいろと話をしてみましたら、どうもヨーロッパの人びとはわれわれ日本人のものの考え方がやはりどこかおかしいと言おうか、どこか違っている気がすると言うのです。ずれていると私たちは言うが、われわれの考え方のほうがずれているように考えているのです。と申しますのは、私たちは日本のことというのはどうしてもおろそかになってしまって、外国のことを知っているということがわれわれにとってインテリの条件のようなものと思っている。私たちにとってそれが一つのステイタスシンボルのような役目を果たしているのです。ところがヨーロッパ人やアメリカ人に聞いてみますと、それがおかしいというわけです。われわれは少なくとも中学から高校にかけては自分の国のことをみっちりやっていると。そして自分の国の歴史なり地理なり文化なり音楽なり芸術なり、自分の国の伝統はしっかり身につけて、大学へ行って自分の専攻分野を決めていくと。だから、ドイツの英文学者であっても、ドイツのことはやはりきちっとやった上で英文学を自分の専門領域にもっていく。だからドイツ人であればドイツのことについて尋ねるというのは、その人にとって一番礼儀にかなうんだという話をしているのを聞いたことがあるわけです。私はこれはもっともだと思うんです。

だから外国人の書く論文を見ましても、自分の国のものと外国のものとどこかで比較したり、それを論じたりしている。例えばフランス人のインド学者というのはやはりフランスの哲学をやった上でインドの哲学をやっていく。そして西洋の思想と東洋の思想と一体どういうふうに関連するかというようなことを彼等は専門領域としてやっていく。ところが私たちがあらためて日本のことを聞かれた時に、私自身日本の専門家でないもんですからどぎまぎしてしまう。私はインドのことは知っている。チベットのことは知っている。しかし日本のことは知らんと言う。どうも日本では日本の音楽を知らなくたってバッハやベートーベンをやってるほうが音楽通であるとか、日本の文学がわからなくたってシェークスピアやゲーテを論じておったほうが文学に造詣が深いと、どうもそういった傾向があるんじゃないか。日本のことはどうも十分やらないで外のことのほうに目が向いている。

だんだんそういう時代がすすんできて二、三年来〝ジャパン・アズ・ナンバーワン〟というようなことで、日本が急に世界のトップレベルに飛び出したように思いますけれども、結局はそういうナンバーワンになった日本人そのものが日本のことをちっとも知らないという。なぜこんなことになったんだろうかというようなことになってくるようであります。

というのは、やはり明治以来の百年程の間日本は後進国でありまして、ヨーロッパやアメリカに追いつけ追いこせというように、お手本はヨーロッパやアメリカにあって、日本じゃなかったと思います。ですから日本のものをどんどん置き去りにしながら、外国のものを思いきり吸収していった。

日本人にとりましてはアジアの国ぐにを廻ってみますと本当に貧しいし、そして例えばインドへ行ってこの国が五十年たったら日本と同じ位になるかなと考えてみたり、ヒマラヤの山奥へ行ってこの人たちは後何百年たったら私たちのようになるだろうなという感じをもったこともあります。ところがその人たちは決して五十年後、百年後に日本のようにならないと私は思うんです。というのは、日本というのがスイッチの切り換えが非常に早かったから、ヨーロッパやアメリカの生活様式なり、そういう文化の形をすっと取り入れていった。

ところがアジアの国ぐにには自分たちの伝統文化がやはりどっしり根をおろしているようです。ヨーロッパの町を歩いてみましても日本人はちゃんと背広を着て歩いていますけれど、インド人はドゥーティーを着たりサリーを着て歩いている人もいます。自分たちの民族衣装を着ながらヨーロッパの町を歩いている。ところが日本では今更上下《かみしも》つけてチョンマゲというわけにはいかない。もちろんそれはナンセンスですし、滑稽なわけですけれど、ともかくすぐにむこうさまのまねをして、むこうさまと同じところにいこうとする。これが日本が現在ナンバーワンと言われる程の経済力を持ち、文化も発展させてきた一番大きな原因であるし、アジアの国ぐにが遅れているというのも、やはり自分たちのものをしぶとく持ち続けようとしたといったところが一番大きいんじゃないかと思います。

ところが、どうもそういった私たちの今までの考え方、この国が何年たったらわれわれに近づいてくるだろうかというものの考え方は改めていく必要があるんじゃないか。一直線上に先進国と後進国があって、やがて後進国が時間がたつと先進国に追いついていくという、こういう図式のなかで私たちは生活を持ってきたわけです。だから終戦後よく言われたことですけれど、われわれは何年たったらアメリカのところまでいくんだろう。アメリカの文化が十年遅れて日本にはいってくるとか、そういうことがいろいろ言われたけれども、先に走っている者に後から一生懸命追いかけていくということではないようになってきたんじゃないか。というのは価値が一つ先に進んでいてそれにあとから追いかけて行くんじゃなくて、どうも先頭を走っていたと思っていた者が先頭におらなくなったという状態が最近やってきているんじゃないでしょうか。

東洋的なるもの

数年前だったと思いますが、「不確実性の時代」ということが日本で流行になった。ガルブレイスという経済学の学者が言い始めて、この本が日本でもベストセラーになるほど売れたわけです。ところがあの不確実性の時代というのはまさに不安の時代の象徴であるとよく言われましたけれども、これは一番端的に申しますと、目標を見失ったということじゃないか。今まで先頭がわかっていて、われわれはあれのまねをすれば何年か後に追いつくという、その目標がすっかりなくなってしまって、今や自分たちの目標を握《つか》みかねているということではないかと思うんです。同様に十八世紀、十九世紀のヨーロッパの社会というのは、自分たちの持っているのが唯一、最高で絶対であると思っていたわけです。あとのものはみんなどれも名のないものであり、こういうものはやがて自分たちに追いついてくるだろうと。われわれの水準まで何年後かに追いついてくる。そういう時には、われわれはもっと先に進んでいるだろうという考え方をしていたのが、どうもそうではなくなって来たということじゃないかと思います。

文学といえばヨーロッパ・アメリカの西洋文学が唯一であって、アジアであろうが、アフリカであろうが、そういうところにあるのは文学という名に値するものがないという気がしました。あるいは端的な例で宗教を考えてみますとキリスト教だけが宗教扱いであるわけです。例えば英語でキリスト教とは、Christian に ty をつけて Christianity ですね。これは宗教的扱いです。あとのいろいろな宗教――ヒンドゥー教がありますし、仏教がありますし、イスラム教もありますが、こういうものを宗教とみなしていないわけです。ヒンドゥーイズム（Hindu-ism）であるし、仏イズム（Buddh-ism）であるし、イスラムイズム（Islam-ism）であって、イズムなのです。宗教といえば一つ絶対があればよいので、あとはイズムであって宗教じゃないという。こういうふうに自分たちの持っているものが最高かつ絶対で、あとのものはまったく無価値なものであるという。まあマルキシズムと同じイズム扱いで宗教と認めていない。極端に申しますと、そういう考えがあらゆる文化の面にあらわれていたんだろうと思います。ところが最近になってどうもそういう具合にはいかない。アジアにはアジアの文化があるし、アフリカにはアフリカのそれぞれの固有のものがある。われわれはそれを見直そうという運動がやはりでてきている。一直線の文化に対する批判といいますか、疑いというものが非常に強くなってきた。これが最近の流れの変化のなかにあるんじゃないかと思います。

例えば、私の務めています高野山大学というのは学生は八百人位、日本ではたいへん小さな大学であります。大学ができてから百年に近づいてきますから、日本の大学としては非常に古い大学でありまして、戦前では、和歌山県のなかでは、大学と名のつくのが高野山大学しかなかったわけなんですけれど、近代化の波にちっとも乗っていない。いわゆる大学を拡張し、経営基盤を強固にするということをほとんどやっていない。おかげで現在の偏差値万能の受験体制のなかでは、だんだん質的低下と申しますか、一直線に並べたI・Qのランクのなかで少しばかり地位が落ちてまいりまして、今の高校の先生がたが進学指導の時に、高野山大学に行けとめったに言わなくなりました。けしからぬことだといつも思っておりますが、今の受験万能の学校制度ではいたしかたないようです。

学生たちも、やはりどこかそういった偏差値のコンプレックスみたいなものを持って入ってくるわけです。ところが私は諸君らが一直線のなかでランクづけられて、おまえはここへ行けと言われて来たのかも知れないけれども、われわれはそうは思っていないんだと。他人がつけた機械的な評価に従ってシュンとしてしまうのは愚かなことだ。弘法大師はこの世に存在するすべてのものは他にかけがえのない特色をもっているといっている。諸君らも多元的な価値観をもってみずからの価値をもういちど見直してみる。諸君ら一人ひとりには誰にもまねのできぬすばらしいもち味がどっさりあるはずだ。大学でもそうだ。周囲を見わたしてみると、高野山大学でも日本のどこの大学にも負けないことがいくつもあるんだと言うのです。その一つは大学生の数に比べて留学生の数が圧倒的に多いということがあげられます。たった八百人ぐらいの学生の大学ですけれども、全世界からの留学生がいく人か来ております。大きなマンモス大学でしたら少々の留学生が来ても全体の比率からして大したパーセンテージにはならないけれども、高野山大学は全体の日本人の学生が少ないから、日本で留学生の比率が一番高い大学であろうと、学生に自信をつけたりしているわけなんです。

そのような留学生がいるということがなにかというと、結局学ぶべきものがあるということだろうと思います。世界の学生――アメリカなりヨーロッパなりの学生というのは高野山大学にはこれがあるから行こうという考えで来るわけです。それだけ引きつける魅力というものを持っている大学のはずなのです。これからはますますそういう時代になってくるだろうと、少し痩せ我慢かも知れませんけれども申しているわけです。

それはやはりなにか学ぶべきものを持っているという、なにか特徴を持っているということが大事になる時代がやってくるんではないか。それはなぜか。アメリカ人もドイツ人もイギリス人もというふうに留学してきまして、私たちはそういう連中といろいろつき合ってみる、おまえは一体わざわざこんな辺鄙な山奥までなぜ来たかと。勉強するにしてもなにも日本まで来なくてもいいだろうし、たとえ日本に来てもこんな山奥まで来なくてもいいだろうにと申します。しかし彼等には彼等なりのものの考え方がやはりあるのです。彼等が自分たちの宗教を捨てて、そして日本に仏教の勉強をしに来るというようなことは、これは彼等にとっては大変なことなのです。アメリカ人なんていうのは自由な社会でのびのびと育っているように思われますけれども、異教徒になるということは、自分たちの宗教を捨てて他の宗教のなかへはいっていくことですから、親は嫌います。社会的なステイタスが失われていく、そういうふうに親が感じるからだと思います。ところが親とはかなりいざこざを起こしたり、勘当同然になってでも日本に来て、そして仏教を勉強したいという連中がどんどん増えてきているのです。

実際に外国人が来ると困るんですね。手間がかかりますし、やはり普通にいきませんけれども、彼等の考え方は東洋的なものに随分ひかれているのです。東洋的なもののなかに自分の生き甲斐みたいなものを見出していこうとしています。例えば西洋文化は先程申しましたように一直線のなかで走り続けている。そしてこのいろんなものの文化が交流した場合、やはり強いものが勝ち残っていく。ちょうど高校野球のように全国の三千校余りの高等学校が試合をやってきて、そして最後に甲子園で決勝戦をやって優勝校が決まるというような形で、それぞれの思想なり文化なりがいろいろに交流しながらすばらしいものが今まで生き残ってきました。だからこれに絶対的な自信を持っているというのはヨーロッパ人なりアメリカ人であります。

けれども、彼等のなかにはどうもそういった形の文化というものに疑問を持つと申しますか、釈然としないものを持ち始めた連中もいるようです。なるほどどんどんいいものが残っていく。いいものがどんどん残っていくけれども、やはりそこで振り落とされていくものが沢山あって、そういうものはいずれ消えていってしまいます。そしていいものだけが残るのは確かに科学技術文明というものが発達するために役に立ったかも知れないけれども、いろいろなひずみが出てきている。ところが東洋の文化というのはまったくそうじゃないと言うわけです。それは温かく包みこんでくれる文化だと。だからわれわれ西洋人はそういうものにひかれて、東洋的なもののなかに心の安らぎを求め、そういうものの研究をズーと続けてみたいと思うと。そういった留学生たちの共通した意見というものがあるわけです。

ところが日本人自身そう言われてみても、東洋的なものにそんなに安らぎみたいなものがあったか知らん。はてなというようなことになる。というのはわれわれは日本の文化なり日本の社会のなかの伝統なりを育ててきた基盤というものをあまり知らないわけです。しかしよく考えてみますと、東洋の文化というのはやはりそういった温かみといいますか包みこんでいくというか、いいものも悪いものも全体を一緒に包みこみながら、いいものをそのなかから生かしていくという、そうした傾向をはっきり持っているわけです。ですから違ったものが二つ一緒になりましても、決してそこでお互いに力ずくで争って、優勝決定戦をやるということはない。力の弱いものも強いものも全部抱きとってしまって、そして全部一つのお鍋のなかでぐたぐた煮て、いいものがそのなかからまたそれぞれの力を伸ばしていく。全体のなかで一つの個性が発揮されるという点で、東洋の文化はじつにすばらしいと言われます。

ところが私たちのなかでは、そういった一緒に包みこんでいくというようなものの考え方はどうも後進国的であるし、浪花節的であるし、そういったことは私たちにとってちっとも役に立たないもののようについつい考えさせられてきたわけです。しかしそういった対立するものでも全部温かく抱きこんでいって、そして知らず知らずのうちにそこに同化されてしまうという文化のありかたというのが、私たち東洋人はやっぱり生れながらにして持っているものだろうと思います。

ヒマラヤの山奥へ行って、ヨーロッパ人たちが金銭でぴちっと雇用関係を決めて人間関係を保っていく。これはある時期には立派な、すっきりした関係のように言われた時期もございます。けれど日本人はやはり現地の人を一緒に抱きこみながら、家族同志として一緒にやっていくというようなつき合い方、あるいはそういう生活態度を取ってきたというのは、私たち自身気づかなかっただけで、やはりもともと日本人的要素として持っていたのです。

おそらくこういった包みこみの文化というのも東洋の文化の一番大きな特徴だと思うんです。例えば医学の問題にしましても、西洋の医学というのはやはり細菌と薬との力比べ、そしてどちらが強くて残っていくか。薬が細菌をやっつけて病気をなおす。そうすると今度は細菌のほうがその薬より力が強くなって、それに対してまた強力な薬ができてそれを押さえこんでいく。そしてまた細菌が強くなる。薬と細菌のいたちごっこをやっていく。力でもって押さえこんでいく。それを進歩だと言ってきたのだと思います。ところがやはりそういった力で押さえながら一つのものの純粋培養と申しますか、優勝者をもり立てるというやり方が、どうもおかしいなという感じが持たれ始めたのが十年程前からじゃないかと思います。

ちょうど一九七〇年、今から十数年前に大阪で万博 EXPO'70 があった。これは皆さんがご承知のことだろうと思うんですけれど、あの時にスローガンといいますか、万博の標語がありました。覚えていられるでしょうか。「人類の進歩と調和」というテーマだったと思うんです。

まさに進歩ということによって人類の文化の未来をあらわし、調和ということによってアジアで開かれる最初の万国博覧会をあらわす適切な標語として選ばれたんでしょう。私たち日本人にとって実にうまく言いあらわしたものだと感じたものです。ところがあの時、私の大学に留学していた外国人の学生にその話をしますと、みんな首をかしげるわけです。進歩と調和——私たち実にいい標語だと言ったのですけど、その学生がおかしいと言うんです。われわれは Progress and Harmony これを "and" で結びつけると実にうまくいくと思ったんですけれど、ドイツ人に聞いても、アメリカ人に聞いてもおかしいと言うんです。なぜおかしいかというと、進歩ということは調和が止まるということであると。調和が破壊された時に進歩があって、進歩が止まった時に調和があるので、進歩と調和を一つの言葉で結びつけることがおかしい。そういう言葉の並べ方はありえないというわけです。なる程なと思ったんです。ここで日本人のものの考え方が違う。日本人というのがまったく相反するものの考え方を

“and”で結びつけて、うまくやったとみるわけなんですね。ところが彼等にとってはそれはどうしても落ち着きのない言葉になると言ってましてね。まあそんなものかなと思ったんです。なんでもかんでも包みこんで一つにして、それが落ち着いていると考える。私もそういう東洋文化のなかに暮している人間だなという感じがしたわけなんです。いろいろの形で進歩ということに対する疑いといいますか、どんどん人類の未来が開けている、未来が洋々と広がっているという考え方に、そろそろ暗い影がさし始めたのが大体あの万博の年ぐらい、あの前後じゃないかと思います。一九六〇年の終り頃から七〇年代にかけてではないでしょうか。

石油ショックで、ガサッとばら色の未来というようなものが崩れ去ってしまって、いったいどこへいったらいいか分からない不確実性の時代になった——不確実性の時代というのは、さきほど申しましたように、いったいどこへいったらいいか分からない時代であって、さいころを振って丁と出るか半と出るか不確実だということでは全然ないと思うんですね。自分たちの目標が失われたという、そういう現代社会の一つの大きな社会現象を表わした言葉だろうと思うんです。

ヨーロッパなりアメリカなりの真似をしさえすれば、自分たちの未来が開かれてくるといっていた。ところがヨーロッパなりアメリカなりの真似をしていたら、とんでもないことになるぞと思うようになってきた。だいたい今から十年ほど前のことじゃないかと思います。あるいは、公害などという問題が言われればはじめたのもやはり一九六〇年代の後半期ぐらいからだろうと思いますし、今までの、一生懸命、明治以来の追いつけ追いこせ、追いつけ追いこせで続けてきた自分たちの文化というものが、随分違ってきたということになるんじゃないかと思います。

ヒューマニズムと一切衆生

私、お正月の新聞を割合に丹念に集めております。こういうコレクションは、全然お金のかからないものですけれど、それがたまりますと面白いことが分かってくるんですね。お正月の新聞というのは、たいていその時代の日本人のものの考え方が端的に集約された紙面づくりがされているわけです。われわれは毎日生活しておりますが、案外この大きな変化というものには気づかない。少しずつ変わっていますからそれほど大きな変化はないように思いますけれども、何十年間の元日の新聞だけを並べてみますと、日本の舵取りが随分大きく変わってきているように思われます。万博のころの、七〇年ぐらいの新聞を見ましたら、すっくと高層のビルが建ち並んで、その間をスマートな高速道路が縦横に駆けめぐらされていて、車やらいろいろの高速列車みたいなものが走り抜けて行くというような写真といいますかイラストと申しますか、そういったものがズラーと並んでいる。そしてわれわれの未来はばら色の……という調子で出てきている。

ところが一九七〇年代になってきますと、調子が変わってきます。ここ最近二、三年の元日の新聞を見ましても、高層建築が建ち並んで、高速道路がはりめぐらされているというような写真はどこにもないですね。どの新聞もそんなことは書いていない。ヒマラヤの山奥とか、富士山の小鳥を写したりですね、自然を写したりというような調子に変わってきているわけですね。自然のなかで、私たちがいろいろ形を変えながらしあわせになっていくというものの考え方、どうもその全体のなかで次第に自然とともにわれわれのしあわせを捉えていこうという考え方に変わってきているように思います。元日の新聞を並べてみると、その差が非常にはっきりと出てくるようにも思うわけなんです。日本人の意識というものが、それだけ随分と変わってきたなあということだろうと思います。

戦後、ヒューマニズムということが非常に大切にされて、このヒューマニズムということがもう絶対の原理のように思って、私たちもそれを信じてやってきました。ところが、このヒューマニズムがかならずしも絶対だとは言えないのですね。一度これを疑ってみるべきだという意見を少し以前からよく聞くようになってきました。ヒューマニズムに疑問をもつということは、なにも人間性を抑圧して、もう一ぺん非人間的な全体主義にかえれという意味では決してない。そういう意味でのヒューマニズムということに対する疑問じゃなくて、人間、ヒューマンというものがほんとうにそれほど大事なんだろうかという疑問なんですね。

ちょっと妙にお思いになるかも知れません。しかしヒューマニズムという、人間が至上であるという考え、人間がこの世の中で王様である、大将であるというものの考えが、そもそも近代の私たちを誤らしてきたんじゃないでしょうか。人間のためにこの世界があるんだという考え方ですね。世の中のすべてのものが人間のためにあるんだ。この牛や豚や鶏は、人間に食べられる食料になるために神様がお造りになった。だから人間はこれらを食べてもいいんだ。あるいは、山に生えている木は切り倒されて家になる、あるいは薪になる、人間をしあわせにするために木は生えているんだという、そういった考え方が基本になっていると思うんです。すべて人間のために、世の中のものは全部使って利用していこう。すべて世の中に存在するものは、人間のためにあるんだという考え方、まあそこまでは行かないとしましてもですね、ヒューマニズムという思想は、そこまで傲慢な思想じゃないとは思います。しかし、行きつくところは、そういったところに到達しているわけです。

しかし、私たちはもっとこの自然を大事にするといいますか、私たち人間だけが優れていて世の中のすべてを支配する存在だという考え方じゃない、温かい考え方を古くから持っております。つまり、一切衆生《いっさいしゅじょう》という考え方があるわけですね。これは仏教とともに日本に入ってきた考え方なんです。一切衆生、生きとし生けるものは皆同じなんだという考え方です。馬も牛も豚も鶏も、これらはわれわれと同じいのちを持っている。人間だけが優れているんじゃなくて、犬も豚も鶏も草も木も皆そのいのちが同じなんで、皆同じいのちのなかに、同じこの世の中に生きているんだという考え方が一切衆生という考え方です。これは奈良朝以前、日本の上代で仏教が入ってきたとき、いちばん最初に入ってきた考え方ですね。おそらく私はもう、ここぐらいまでかえっていかないと、これからのいろいろな壊滅的な事態は避けられないのではないかと思います。

私たちは、人間のために世の中のものをいろいろ利用してきました。木も草も全部われわれのためにあるもので、気に入らなければ、また利用するためには、田んぼをつぶし、あるいは木を切って、そして家を建て、それが開発だと考えてきたわけですね。木も草もいのちのないもので、これらを全部人間のために役に立てていこうという考え方、これはまあ経済の発展のためには大事な考え方であったわけですけれども、ところが大きな意味で、やはりそういう生き物のいのちを日常茶飯事として奪うということが、私たちにいろいろな形でお返しが来ています。

アジアのなかのいろんなところを歩いていますとね、水が大切だということがほんとにしみじみと分かる。シルクロードなんていうのは、ブームを起こしてまして、なにかその言葉じたいロマンチックな響きをもっていますけれども、シルクロードの砂漠のあの凄さのようなもの、あの壮絶そのもののようなところで、二日でも三日でも生活したらもう完全にお手上げになってしまいます。金と銀との鞍置いて、王子様と王女様が行くような砂漠じゃないわけです。まったく乾燥しきった、まったく水気のない、草一本生えていないような岩山のなかで生活する人たち、こういう人たちにとっては、水や草や木といったものがどれほどありがたいか、ということですね。

そういう貧しい人びとに対して、私たちは非常に恵まれた生活をしている。そうして、われわれはそれが普通のように思っているわけなんですけれども、アジアの人たちというのは違います。私はネパールの山奥へ行きまして、これは最近の西チベットのほうじゃなくて、その前にネパールの山奥のいろんな学術調査に行ったことがあるんですけれど、そのときにはポーターとかシェルパを雇って山へ入っていくわけです。

夜はテントを張ってそこで休む。朝になるとシェルパが御飯をたいてくれて、私たちに食べさせてくれます。そしてそれらを片付けて、さあ出発といって八時半か九時半ごろに山へ登って行く。ところが十時半ごろになるとポーターたちは荷物を置いてしまって、さあお昼御飯だとこうくるわけです。そして御飯を食べさせてもらって、また出ていくのが一時か一時半、それから三時半ごろになったら、これでもう今日はおしまいということなんですね。最初、私らこれを見たとき、日当で雇ってるもんですから、おまえたちやっぱりサボリやがって働かないなあ、こういうことをしているから生活水準が低いんだなんて気持を持ったことがあります。ところがよく聞いてみますとですね。あの人たちは朝御飯を食べてないわけなんですね。われわれには朝御飯を食べさせてくれるけれども、自分たちは朝御飯を食べずに三十キロの荷物を担いで山登りをするわけです。だから十時半になったら朝昼兼用の御飯を食べる。おなかも減ってるわけなんですね。よく聞いてみますと、われわれは三食食べたことがないというのです。うかうかするとわれわれは、世界中の人が全部三食食べてるだろうと思うわけですけれども、まず世界に今、三十億あまりの人がいるんでしょうか、その人口のなかの何割でしょうか、三食食べてる人たちというのは、もうその他大多数の人たちは、三食はおそらく食べてないと思います。

で、かなり前ですけれども、黒沼ユリ子というメキシコに住むバイオリニストが新聞のコラムに書いていたことで、面白いなと思った記事があります。それは今世界中に人食い人種はどこにいるかという話でした。人食い人種は、どこにいるか。さあ、どこだろうな。ヒマラヤの奥にはいなかったぞ、さあアフリカにおるのかなあ、てなことを考える。人食い人種はどこにいるか、正解は人食い人種はアメリカと日本にいるという。なぜか。われわれは、地球上で一年間にできる穀物の量を地球上の人口で割って、一人当りいくらかという食べる平均が出てくるというんですね。その平均を食べていたら普通なんでしょうけれども、ところが日本人はやっぱり平均の何倍というものを食べてるわけです。とても、われわれ御飯なんていうのは朝一膳ぐらいしか食べない、一日に三膳食べるのがやっとだとお考えになるかも知れません。けれども、われわれが食べている肉などが全部穀物からできているわけですね。豚やにわとりに穀物を食べさせ、その肉をわれわれが頂戴する。そういうものを全部換算すると、日本人は世界の平均の何倍もの穀物を食べている。その分だけやはり食べていない人たちが随分たくさんいる。それはアジアやアフリカの貧しい人たちの肉を日本人やアメリカ人が食っていることと同じことになるんだという論理だったと思うんです。私はその考えは面白いと思います。で、アジアの国ぐにのたいへん貧しい、そして骨と皮だけの子供たち、そういうものを見てますと、そんな罪悪感はちっとも持たずに、やはりわれわれは余分なものをとり過ぎているといいますか、この人たちの上前をはねているんだ、ということになるわけですね。そこでヒューマニズムとかなんとかと、格好のいいことを言っていても、おそらくこれは何か頭の上をスースーと過ぎていく風のようなものだろうと思うんですね。

生かせいのち

そこで、私たちはそういった今まで忘れてきたような東洋的なもののなかに、やはりわれわれにとって必要なものがあれば、どんどんとりあげていくべきじゃないかと思うんです。例えば、そういった東洋のものの考え方は、すべてのものを抱きこむだけに、持っている力は、それぞれの個性に応じてとことん発揮させようという、これはこれでいいところがあるわけですね。殺してしまわない。一つのシステムのなかで全部殺してしまうようなことは決してやらない。それは進歩は遅いかも知れませんけれども、抱きこむことによって、それぞれの持てる力はみんな存分に生かしきるという、こういった文化のパターンというのは、東洋の文化のなかにたくさんあると思うんです。

さきほど申しました薬でも、力と力で対決して相手を力で押さえていくという西洋医学に対して、東洋の漢方薬というのは、病気のところを力で押さえるんじゃなくて、体全体の調子《バランス》を保つことによって全体を生かしきっていこう、そして自分の持っている能力を全部フルに発揮させていこうという治し方です。これは急には効かないと思います。ところがこういった効かし方をすることがやはり一つの大切な方向じゃないかと思うんですね。力でもってピシーととめてしまうと、それに対してまたそれ以上の力が出てくる。ところが全体としてその調和を保ちながら知らず知らずのうちに病根をなくしてしまうというやり方、これはやはり東洋のものであるし、決してそれぞれの個性を殺すことにはなってこないのです。

医学についていま申しましたけれども、西洋のものと東洋のものを並べますとき、いちばん端的な例はチェスと将棋の違いだろうと思うんですね。チェスと将棋は同じような盤の上で、王様と兵隊がおっていろんな取りっこをする競技ですね。ルールは少し違いますけれども、基本的なやり方は同じだと思います。ところがまったく違う点が一つだけある。それは何か。チェスの場合は、相手の駒、つまり攻めてきた駒はとってしまうと盤から皆落としてしまって、残ったもので試合をしていくわけです。ところが将棋というのは面白いですね。御承知のとおり今まで攻めてきた相手の駒でも、自分のものになれば、相手の使っていたとおりにまた使えるわけです。今まで相手が飛車で攻めてきたから、私は取ったので、今度自分が使うときには金にしか使えないということじゃないわけです。飛車は飛車でもって自分のほうでも使えるという、ここがチェスと将棋の違いじゃないかと思うんですね。私はやはり東洋文化というのは、こういうものだろうと思うんです。

東洋文化というのは、相手を力でねじ伏せて、相手を盤からたたき落として生き残っていって決勝戦をやるということじゃなくて、今まで自分に攻めてきたものであっても、その個性を生かして、その個性を逆に自分のほうで使いこなしていくという、こういった腹の太さといいますか、包容力といいますか、そういったものを持っています。

しかしながら、こういう考え方にかなり曖昧な点が多いという欠点はあると思います。ヨーロッパ人やアメリカ人が日本に来て、分からんということがよくあるんですね。日本人というのは、同じ家に仏壇と神棚が祀ってあるとかね。子供が生まれたら七五三で神社参りに行くかと思うと、結婚式はキリスト教の教会であげて、死んだら坊さんに拝んでもらうというのは、これは分からんという。

これはまさに東洋的です。何でも全部ひっくるめて、いいものをちゃんととっていこういうわけなんですね。こういう図太さみたいなものを、日本人は持っている。やはりその図太さと同時にゆとりというものが感じられるわけです。きりきり一ぱい力でもってたたき伏せて、力でもって優勝戦に勝ち残っていくというよりも、相手を包みこみながら、それぞれ個性を生かしながら、自分の思った方向に持っていこうという、これはやはり東洋文化のいちばん大きな特徴じゃないかと思うんですね。こういった東洋の文化の持っているよさというものが、日本人のなかから再認識されるよりも、むしろ外国人のなかに、そういったものを求めて日本にやってくる人間がどんどん増えてきた。そしてそういったなかで、われわれの個性を生かす文化、どんなに力が弱いものであっても、それぞれの持っている個性を生かしながら、一つの統合体のなかに育てあげていく文化、これはまさに東洋の文化の伝統的な強さであるし、伝統的な持ち味だろうと思います。こういう東洋の文化の伝統というものが、今までどうも忘れ去られていたということが言えるんじゃないかと思うんですね。で、どうもそういったもののなかには全体を包みこむ温かさ、そしてそれぞれを生かしきる力強さがあります。

弘法大師の御入定千百五十年記念の大法会が昭和五十九年におこなわれますが、それを記念して、「生かせいのち」という標語が弘法大師のお考えを最もよくあらわす言葉として取り上げられています。でも「生かせいのち」というのは、どうもこの題を聞きますとどこか救急病院の標語のように、何か瀕死の重傷を負っている人のいのちを生かせというようにお考えになるかも知れませんけれど、そういうことじゃなくて、このいのちというのは、そのものの持っている個性そのものという意味だろうと思うんですね。それぞれが皆違った個性を持ってこの世の中に生まれてきている、この点からいえば決して人間は平等じゃないと思います。ところがそういった十人十色のもち味があるからこそ、世の中というものに調和がとれていくのだろうと思うんですね。手の指なんてのは、実に面白いと思うんですね。この五本の指、皆長さも違いますし、太さも違います。節の数も違います。非常に不公平ですね。しかし不公平ですけれど、それぞれがかけがえのない役目を果たしていると思うんです。

　これが皆ずんべらぼうで、同じ太さで同じ長さだったら、これほど器用に手は使えないと思うんです。今までは一直線で長いほうに右へならえ、お山の杉の子みたいにそのうち檜になってということじゃないけれども、それぞれの個性そのものでもって全体として調和を保っていく、それぞれのかけがえのない機能を果たしていく、そういうことが、やっぱり東洋の文化のなかにございます。このことはやはりもうちょっと見なおしていかなければならないと思うんです。

外国人だって、お前は日本人だから日本のことは知ってるだろうと思って、日本のことを聞いてきます。日本人は何にも日本のことを知らない。あんたの国のことなら知ってますけれど、と言ってるようでは結局相手に馬鹿にされるだけだろうと思います。国際人になるということは、イエス・イエス、イエス、あなたの言うこともっともですということじゃなくて、自分自身がその国の文化の伝統をおさえながら、相手のことも知っているというのが国際人じゃないかと思うんです。今まではどうも戦後の占領時代のことがありまして、相手様の言うことをイエス・イエス・イエスと言っとれば、ああよろしい・よろしい・よろしいということで、ご機嫌がよかったので、そういう癖がついているんじゃないかと思うんです。しかし、われわれは日本のものを堂々と、自分たちの持っているものを相手に伝えていかねばなりません。そういう点で外国人はドライです。彼等がわれわれとつき合ってるというのは、義理や何かではありません。外国人が私とつき合うというのは、その人が私とつき合って何かプラスになるからつき合ってるわけなんですね。私がプラスになるものを持っていなければ、それでおしまいになってくることだろうと思います。それはやはり、いちばん大事なことは日本の文化のことをちゃんと知っているかどうかということになってくると思うんですね。

で、話が後先になってしまいましたけれども、私はそういった意味で、日本の教育のなかでも、今まで忘れられていたようなもののなかにこそ、いろいろな材料があると思うんです。今までの日本の教育というのは、戦後ずいぶんアメリカやヨーロッパのいろんなものが導入されて、そういうものにわれわれの目がいっているわけですけれど、そして日本の従来持っていたものをどんどん切り捨ててきたように、私たちには思えるんですけれども、日本の教育とは何だろうかと考えるときに、私はやはり「道」ということが大事じゃないかと思うんですね。

道と術

私たちは古くからいろいろな教育の制度を持ってきたわけですけれど、日本の教育のなかで、私は「道」という名前がついているのはなぜだろうか、ということを考えてみたことがあるわけです。例えば、剣道、柔道、書道、すべて道がついてくるわけで、道という文字が教育には必ずついてきた。これはどうも、儒教倫理によって強調されたということだけではなさそうに思います。道というのが、たとえばお茶を上手にたてる、お花をきれいに生けるということであれば、なにも茶道とか華道とか言わなくてもよい。字を上手に書くということだけだったら、書道とことさらに言わずともよい。いかに字を上手に書くか、いかに花をきれいに生けるか、いかにお茶を上手にいれるかということでしたら、書道とか、華道とか、茶道とか言わずに、書術でいいわけですし、華術でいいわけですし、茶術でいいわけです。術でいいと思うんです。テクニックを教えるということであれば。ところが日本ではそういうテクニックだけが教育じゃないという。"How to"ですね、テクニックということは。ハウツー何々、戦後非常にやかましく言われました。ハウツー、いかにして上手になるかという実用的な面、これだけが教育ではない。だからこそ道という文字がついたんだろうと思うんです。知識を得るための技術教育であれば、私は術で結構だと思う。ところがそういう知識だけじゃだめだということで、日本の教育は知恵ということを非常に大事にしてきたんじゃないかと思うんです。

知識と知恵は言葉が似て、日本語では今同じように使われてますけれども、私は基本的に違うと思うんです。知識というのは、一プラス一は二とかね、前の経験がつぎに生きてくることなんです。きのう暑かったから服を一枚脱いだら涼しくなったとか、冷房をいれたら涼しくなったと、だから今日は一枚脱ごうとか、あるいは、商売をしているが赤いセーターを仕入れていたら売れなかったとか、今度は赤ははやらないんだから黒を仕入れましょうとか、こういうものは教えやすいと思います。あるいは、習いやすいわけですね。テレビ見ていたって、そんな知識ならいくらでも増えてまいりますし、あるいは知識というようなものは、寝ころんで新聞を読んでいたって入ってくると思います。

ところが日本の言葉のなかで、知識と一緒にある知恵という言葉は、これは大変な言葉なんです。これは両方とも仏教の言葉なんですけれども、知恵というのは知識とはまったく違うわけですね。知恵というのは積み上げがきかない。一プラス一は二というように積み上げがききません。あるいは人から教えてもらうことができないですね。あるいはテレビのスイッチをひねって、そこから知恵を仕入れるわけにはいかない。学校で先生が教えるというわけにも、知恵の場合はいかないと思うんですね。知識は教えられても、知恵はなかなか伝わらない。なぜ伝わらないかというと、これは切り売りできるもんじゃないわけですね。その人の人柄に関係してくるのです。知識がずっと広がっていくというように、知識のほうは広がると申しますね。日本語では、若干区別している。知識が広がっていったら物知りになるわけですね。ところが知恵のほうは広がりはしません。それは深まるのです。そしてどんどん、どんどん深まっていってどうなるかというと、その人の人柄に関係してくるだろうと思うんです。

私は字が下手なものですから、いろいろな先生に、いろいろと聞いて、先生どうしたら字が上手になるんですかと言ったら、まあとにかく練習してみなさいよといったことでやっておりました。それからどうなったかと申しますと、書道の先生から聞いた話を受け売りして申し訳ないんですけれども、その先生は私にね、いっしょうけんめい練習して、いろいろやっても限界ありますよ、とおっしゃるんですね。あの人の字はいい、ほれぼれするような字を書くなあという人は技術だけではない、と言われるんです。やっぱり人柄が出てきますよ、とおっしゃるんです。ほんとうだろうと思います。字というのは、技術だけでいくには一つの限界があって、そこを突き破るのが人柄であると、これがまさに知識と知恵の違いじゃないかと思うんですね。

知恵というのはおおもとに人柄をふまえて、知識というものの限界を乗り越えていくというところがある。だから剣術と言わずに剣道と言ってきた、あるいは茶術と言わずに茶道と言ってきたのです。日本の教育のいちばん大切な点は、術ではなくて道だということ、知識と知恵の二つが大事なんだということを教えてきたことじゃないかと思うんです。結局、そういった日本の古来の教育というのは、やはり人柄がそこに反映されてくるような、そういうものではなかったかという気がいたします。

道という言葉は、知識とともに知恵、この二つが大事だということ、そしてその両方によって日本の教育が行なわれてきたということを示す言葉じゃないかと思います。

ですからこれは教えるわけにはいかないと思うのですね。まねることはあっても教えることはない。だからおそろしいと思います。日常の生活そのものが出てくる、それが知恵だろうと思います。そしてそういうものが日本の教育のなかに全部あって、人間同士の人格的なつき合いのなかに、いろいろな個性の伸長もあるでしょうし、教育のいろんな基本的な面があったんじゃないかと思います。こういったのを釈迦に説法と言うんでしょうね。先生方を前にして、えらそうなことを申しますけれども、自分の持っている物差しだけで、一つの基準だけで考えていくんじゃなくて、少しでも広いものの考え方、そうして幅の広い、心の中にゆとりを持っていく、そういう生き方というものは、この知恵そのものを自分自身のなかでちゃんと貯えておくということにつきてくるんじゃないかと思うんですね。他人とおれとは全然関係がないという冷めた考え方ではなく、隣の人も皆自分たちと同じいのちを持って生きている、そして自分と同じなんだという考え方をしていこう、そして、そういうもののなかから、同情したり、あるいは一緒に涙を流すことも出てくるわけであります。

このあいだ面白い話を聞いたのですけれども、この「面白い」という言葉が、われわれはまちがって使ってるというんですね。日本語のもともとの面白いという言葉の意味とは違って、例えば誰かがバナナの皮をふんづけてひっくりかえったのは面白いというように、奇妙なことをするのを目にして気味がよいというときにこの言葉を使うわけですね。自分が少し優越感を持って、相手がへまをやったりしたときなどに面白いという言葉を使うんですけれども、あれはもともと、日本の古い言葉のなかで、古事記などの用例では、相手の顔に光をさしかけていくということのようですね。自分がいろいろなことをお手伝いすることによって、自分のすべてを吐きだして相手の重く沈んだ顔に光がさすように、白く生気がよみがえるということ、それが面白いということのもともとの意味だということを聞いたことがあるんです。これは意味深いと思うんですね。だから日本の古い伝統のなかには、自分だけがひとりこちらにおって、というような発想はどうもないようですね。いつも他人と一緒に、他人のなかに、他人の喜びがそのまま自分の喜びになるというような、そういった基調がずいぶんあるように思います。それを、われわれは自分が優越感にひたるときの言葉のように、どんどん変えて使ってきているわけです。

例えば、開発という言葉がございます。この言葉はもともと仏教の言葉なんですね。ところが今この言葉は、土地や林や山をブルドーザーをかけてダーと平地にして、その上に家を建てたり、工場を建てたりすることが開発だと、こういうふうに使っているようですね。開発が進んだとかいったり、あるいは北海道開発庁長官なんていう名前がある。あれはみんな、人間のために役に立つように自然を変えてしまうことだと考えられている。ところがこの開発というもともとの意味については、衆生の善根《ぜんこん》を開発《かいはつ》するという使い方が『大日経疏《だいにちきょうそ》』という密教の注釈書に出てきます。衆生というのは生きとし生けるもの、もちろん人間だけじゃございません。動物も植物も全部含めて生きとし生けるものです。善根というのは善い根と書きます。善い根というのは何かと申しますと、持ち味だと思うんです。衆生の種々の善根を開発するという、生きとし生けるものが持っているさまざまに異なった、それぞれの個性の持っている持ち味を開いて発揮させることが開発なんですね。もともとの意味はそういうことです。それぞれの持ち味をとことんまで開いて発揮させるという意味で、もともと日本語で使っていたものが、現在西欧的なものの考え方が入ったもんですから、ブルドーザーかけて画一的にして家や工場を建てて、人間の役に立てることが開発だというふうに変わってしまっています。

こういうふうに私たちのなかには、一つ一つ探ってみますと、何かそれぞれの連帯感を深めるような文化を、本来持っていたということがわかるわけです。ところがそういうものから、ある時期に切り離されてしまって、自分だけがいい子になってしまい、自分のために相手をどうするかという発想に変わってしまったがために、日本語自身がずいぶん自分勝手な使い方に変わってきて、それが現在の日本語になってしまっているようなことがずいぶんあると思うんですね。

ついでに申し上げますと、例えば分別という言葉があります。あの人は分別のある人だとか、あいつは無分別なやつだという、分かち別かつという考え方ですね。ところが仏教では分別があったらいかんのです。無分別なほうがいいわけなんです。今とまったく逆なんですね。あいつ無分別なやつだといえば、日本語では今悪い言葉です。ところが仏教では無分別なほうがいいわけなんで、分別があっちゃいけないんですね。なぜかというと、自分と他人は別個の存在じゃないわけです。自分と他人、すなわちすべての人たちは、自分と同じなんですから、分かち別かっちゃ駄目なんですね。同体でなければいけない。そして相手の悲しみは自分の悲しみじゃないといかんわけです。そこをピシーと分けてしまうようなことはいけないことです。

あるいは、自然というものは自分なんです。大自然というものと自分とは一つなんですね。ところが自然というものは人間のために役立てるもんだということになってきた。ピシーと分けてしまいますね。こういうことではいけない。やはり日本の文化というのは、自然と一体となって生きてきた文化だろうと思うんですね。自然という言葉のなかに他人も全部含めて、そういうものと自分がいつも一つであるということから出てきた文化だろうと思うんです。だからそういうのは、たしかに浪花節的であることには違いないんですけれども、そういった温かさのようなものにずいぶんひかれてくる人たちが出てきているということも、こういう不確実性の時代の大きな曲り角にとっては、注目すべき思想になってきているわけなんです。

で、まあ、今日は東洋の話をさせていただきまして、いろいろ、勝手なお話も申し上げました。弘法大師の思想を集約した「生かせいのち」という言葉は、東洋思想そのものであり、教育にとりましても肝心なことではないかと考えます。生かせいのちという言葉そのものが、それぞれの東洋のものの考え方の、それぞれの与えられているいのち、人間の個性そのものをとことん開発するということを意味してるんだということ、それは日本に住むわれわれが案外忘れているのです。教育の面におきましても日本の文化なり東洋の文化のいい所に、少しでも目を向けていただけるように、まとまりのない話でございましたが、一つ、二つそういう材料を出させていただいたわけでございます。

あとがき

密教を自分の研究テーマに選んで、学問の道を歩みはじめて、もう三十年にもなる。歳月がたっているわりに、これだけは他の追従を許さないといったオリジナルな研究をどれほど進めてきたか、それを思うと内心いささか忸怩たる反省なきにしもあらずである。

密教は仏教のなかでも最も堕落した形態で、迷信と呪術のかたまりのようにかつては考えられていた。真言宗の末徒の一人として、また研究者の末端に連なる者として、若いころいささかそういった常識に疑問をおぼえて、インド密教の研究に没頭した。密教を勉強するのになぜインドを選んだのか。宗学の権威主義的な、というよりも批判のない信念にもとづいた教説に、青くさい拒否感を抱いたため、割合に自由に研究を進めることのできるように思えたインド学にあこがれたのかもしれない。

大学院での研究テーマに、日本密教とまったく関係のないインドの後期密教を選んだのも、なるべく真言教学とはかかわり合いたくないという気持が心のどこかにひそんでいなかったとはいえないような気がする。ところが皮肉なもので、高野山大学に職を得て、講義を担当することになったとき、講座の関係でほとんど日本密教を受け持たざるをえない破目におちいった。

その当時いやいや講じていた日本密教史なり、真言教学の演習ではあったけれど、次第に興味がもてるようになってきたのは不思議なことである。インド密教を少しずつ掘りさげることに熱中してきた者にとって、改めて日本密教に目を注ぐと、いままで気がつかなかったさまざまな研究課題が、そのなかに山積していることに気づいたからである。

一生涯、同じテーマをとことん追求することが出来なかったくやしさのようなものが現在、心の隅にないわけではないが、若い時代にインドに首ったけになり、あとで日本密教に目を移す機会が与えられた境遇に、いまでは感謝する気持のほうが強い。インドからチベット、あるいは中国と日本と、密教の変遷を眺めることによって、より広い視野をもてるようになったことと、インド学の批判的な方法論を身につけて、真言教学にそれを応用する方向を模索する姿勢を持ちえたことなど、ありがたいことであったと、いまでは正直そう思っている。

それにしても、ここ十数年のあいだに、世人の密教に対する評価の変わりようはどうだ。かつては仏教のなかの私生児として見向きもされなかった密教に対する最近の人びとのフィーバーぶりはものすごい。十数年まえまでの密教に対する白眼視も、最近の熱っぽさもともに異常というほかはあるまい。極端にゆれ動く振り子に似ている。

かつては見向きもされなかった密教を三十年もあきもせず研究してきた実績でもいささか世間に認められたのであろうか、最近の密教ブームのなかで、講演とか原稿を依頼されることが急激に多くなった。ところが昨年春に思いもかけず大学の要職につかざるを得ない事態におちいり、それ以来ほとんど机の前に坐る機会を失ってしまった。

人文書院の谷誠二氏から、密教関係の論稿の出版を慫慂されたのは、もう数年も前のことである。途中、体調をくずして入院生活をしばらく続けたりするアクシデントにも見舞われた。氏はいつもひかえめに、しかし折々月日をおかず督促されるのであるが、いつも空手形に終わってしまって、約束はのびのびになっていた。まとまったものを書く時間を与えられないいま、出来ることといえば、時折の講演の記録をまとめるよりほか手だては残されていない。

昨秋やっと決心をして、いままで講演したもののうち、どなたかのおかげで文章化されているものを拾い出し、コピーにとって手渡した。それを丹念に読み、取捨選択し、文章に手を加え、用語を統一するなど繁雑な仕事を一手に引き受けて、やりとげていただいたのも谷氏である。同氏の懇切な勧誘と、きめ細かい編集の努力がなければ、おそらくこの本は日の目をみていなかったにちがいない。

つぎに本書に収録した講演の記録をたどり、それをまとめていただいた方がたの御苦労にも感謝しなければならない。

「密教とはなにか」は、昭和五十八年六月、高野山東京別院主催の密教講座の第一回目に講演させていただいた密教への手引きである。東京別院映像出版局の方がたにまとめていただいた要旨を、ここに転載させていただいた。この講演のもとは、『仏教学セミナー』第三十一号（大谷大学仏教学会、昭和五十五年刊）に掲載した「密教の特質」という題の論文である。またよりくわしい論述は、近刊の『高野山──その歴史と文化』（法蔵館、昭和五十九年）のなかの拙稿「高野山と真言密教」に収められている。

「インド密教と曼荼羅の展開」は、昭和五十四年夏、高野山大学のラダック地方学術調査団の団長として現地調査をし、その成果の一部を写真展にして東京・池袋の西武美術館で公開した際の講演の記録にもとづいたものである。『マンダラの世界』（講談社、昭和五十八年）として講談社第一学芸部でまとめていただいて出版されたものを、手直ししてここに再録した。

「真言密教のおしえ」は、真言宗の檀信徒の方がたに向けて真言密教の教えを出来るだけやさしくという要望に応えて、各地の講習会で講演した要旨を、昭和五十六年の春まとめて、高野山真言宗の大阪自治布教団からパンフレットにして出版していただいたものである。弘法大師ご入定千百五十年の御遠忌を記念するための在家のかたを相手にした講演は現在でもほぼこの趣旨で話を続けている。

「弘法大師の思想と芸術」は、昭和五十八年四月、朝日新聞社主催の「弘法大師と密教美術展」が京都国立博物館で開かれたとき、特別講演した内容を谷氏に文章化していただいたものである。

「弘法大師の生涯に学ぶ」は、近年、高野山において、各種の研修会が開かれる機会が多いが、主として真言宗の檀信徒以外の方がたに、大師の偉大さを知っていただく手がかりでも、差し上げることが出来たらと考えて話したもので、以前に著者がまとめて、補陀洛院文庫『生かせいのち』（昭和五十一年）に収めたものの再録である。

「密教神話の解釈」は昭和五十七年十月、高野山真言宗青年教師会兵庫支部の結成大会で行なった記念講演のテープから著者が文章化して、「中外日報」紙に同年十二月に掲載したものである。ここでは真言宗の僧侶が布教にあたって、密教の神話と奇蹟を、どのように現代的に解釈するかの一例を示したいと思った。

「東洋思想と教育」は、近畿中学校長会の第三十二回大会が昭和五十六年六月、和歌山市で開催されたが、そのときの記念講演「生かせいのち」の要旨を「近中会報」第一二号にまとめていただいたものにさらに手を入れ、題を改めてここに収載した。密教思想による教育論の一端といってよいであろう。

本書に収録した七篇は、昭和五十年代になって各地で講演したものの記録であるが、広い意味での密教が、現代人の日常生活にどのような役割りを果たすかという点が、やはり中心的なテーマになっているように思う。密教を学び、密教に生きる一学徒の乏しい思案の一端が、昏冥の現代を生きる人びとの思想あるいは信仰のささやかな支えにでもなれば、望外のよろこびというほかはない。

昭和五十九年一月二十一日

松長有慶

文庫版あとがき

ブームとは一過性の現象をいう。昭和五十九年の弘法大師・空海の入定千百五十年の御遠忌を機に、密教に対する世人の関心が急激な高まりを見せた。それからほぼ十年たち、あの当時の異常な熱気は、現在では一応鎮静化しているかに見える。多くの人びとは密教のブームは去った、あるいは一段落したと考えている。

社会現象としての密教ブームの炎は、最近たしかに消えた。しかしあの熱気が日本中を駆けめぐった後に残したほとぼりは、まだ冷めきってはいない。ブームという一言で片付けることのできないなにかを、われわれ日本人の心の中に残したままになっている。

二十世紀の最後期、ここ十年ほどの間に、世の中はあらゆる面でドラスティックな変化を遂げた。東西の冷戦の終結、それに代って民族紛争、宗教間の対立の激化、経済構造の根底的な変革、環境問題の深刻化等々、一昔前には予想もしなかった社会情勢のめまぐるしい変貌に、われわれはまだ充分対応しきれないままにいる。

思想界も同様である。科学技術文明の前途に秋風の気配が感じはじめられてから、すでにかなりの年数が経過した。とはいえ人びとが未来に抱いている不安感は、時の流れとともに解消されるどころか、二十一世紀に向って、さらに加速化されようとしている。価値観の転換期、パラダイムシフトの時代といわれはじめて久しいが、その出口がまだほとんど見えてこない。

このような時代思潮の混迷期にあって、東洋の思想や文化の再評価の機運が生まれ、それに付随して、密教に対する一種のブームを呼びおこしたといえるだろう。

密教の中でも、オカルト的なものは一時のあだ花のように、やがて忘れ去られていった。しかし密教のもつ幅広い包容性、多様な価値観、積極的な現実肯定の姿勢などは、日本人が深層意識の中で、古くから持ち続けていた土着文化に対する郷愁の念とシンクロナイズし、ブームが去った後にも、人びとの心の片隅に次第に沈潜化していった。

密教はむずかしく、近寄りがたいと人びとは考えていた。このようなかつての日本人の密教に対する固定観念を、少しでも解消しようと、私もまた先人の驥尾に付して、いくつか文章を綴り、時には講演の壇にも立ってきた。とにかくむずかしいと思われている密教を、本質を違えることなく、出来るかぎり平易に語りたい。そして一般の方がたにも、密教の特質を間違いなく理解してもらい、さらに密教の原理を、日常生活の中に活用していただけるようになればと念願して、私なりに努力を重ねてきたつもりでいる。

本書のもとの版は、そのあとがきにもあるように、密教に対して一般の関心が高まった時期に、各地で開かれた講演会の記録を集成して出来上ったものである。初版刊行の時からほぼ十年を経て、いま読み返してみても、それほどの異和感をおぼえない。現在むしろこのような思想に対する要求度がより高まっているようにも思える。

さらに広く一般の方がたの目に触れることを願って、このたび文庫版として装を改めて出版していただくことにした。カバー画は『密教』と同じく金森比呂尾（一咳）画伯の手をわずらわせ、面目を一新した。お世話をおかけした方がたとの御縁をありがたく思っている。

平成五年師走

松長有慶

『密教とはなにか』　一九八四年三月　人文書院刊
一九九四年一月　中公文庫

中公文庫

密教《みっきょう》とはなにか
――宇宙《うちゅう》と人間《にんげん》

1994年1月10日　初版発行
2020年3月25日　改版発行

著　者　松《まつ》長《なが》有《ゆう》慶《けい》

発行者　松田陽三

発行所　中央公論新社
〒100-8152　東京都千代田区大手町1-7-1
電話　販売 03-5299-1730　編集 03-5299-1890
URL http://www.chuko.co.jp/

DTP　平面惑星
印　刷　三晃印刷
製　本　小泉製本

Published by CHUOKORON-SHINSHA, INC.
Printed in Japan　ISBN978-4-12-206859-9 C1115

定価はカバーに表示してあります。落丁本・乱丁本はお手数ですが小社販売部宛お送り下さい。送料小社負担にてお取り替えいたします。

中公文庫既刊より

各書目の下段の数字はISBNコードです。978－4－12が省略してあります。

S-18-1
大乗仏典1 般若部経典 金剛般若経／善勇猛般若経
長尾雅人・戸崎宏正 訳
「空」の論理によって無執着の境地の実現を目指す『金剛般若経』。固定概念を徹底的に打破し、「真実あるがままの存在」を追求する『善勇猛般若経』。
203863-9

S-18-2
大乗仏典2 八千頌般若経Ⅰ
梶山雄一 訳
多くの般若経典の中でも、インド・チベット・中国・日本など大乗仏教圏において最も尊重されてきた『八千頌般若経』。その前半部分11章まで収録。
203883-7

S-18-3
大乗仏典3 八千頌般若経Ⅱ
梶山雄一・丹治昭義 訳
すべてのものは「空」であることを唱道し、あらゆる有情を救おうと決意する菩薩大士の有り方を一貫して語る『八千頌般若経』。その後半部を収める。
203896-7

S-18-4
大乗仏典4 法華経Ⅰ
松濤誠廉・長尾雅人・丹治昭義 訳
『法華経』は、的確な比喩と美しい詩頌を駆使して、現実の人間の実践活動を格調高く伝える讃仏・信仰の文学である。本巻には、その前半部を収める。
203949-0

S-18-5
大乗仏典5 法華経Ⅱ
松濤誠廉・丹治昭義・桂紹隆 訳
中国や日本の哲学的・教理体系の樹立に大きな影響を与えた本経は、今なお苦悩する現代人の魂を慰藉してやまない。清新な訳業でその後半部を収録。
203967-4

S-18-6
大乗仏典6 浄土三部経
山口益・桜部建・森三樹三郎 訳
阿弥陀仏の功徳・利益を説き、疑いを離れることで西方極楽浄土に生まれ変わるという思想により、迷いと苦悩の中にある大衆の心を支えてきた三部経。
203993-3

S-18-7
大乗仏典7 維摩経《ゆいま》・首楞厳三昧経《しゅりょうごんざんまい》
長尾雅人・丹治昭義 訳
俗人維摩居士の機知とアイロニーに満ちた教えで、空の思想を展開する維摩経。「英雄的な行進の三昧」こそ求道のための源泉力であると説く首楞厳経。
204078-6

S-18-8
大乗仏典8 十地経
荒牧典俊訳
「菩薩道の現象学」と呼び得る本経は、菩薩のあり方やその修行の階位を十種に分けて解き明かし、大乗仏教の哲学思想の展開過程における中核である。
204222-3

S-18-9
大乗仏典9 宝積部経典
迦葉品／護国尊者所問経／郁伽長者所問経
長尾雅人
桜部建訳
「世界の真実を見よ」という釈尊の説いた中道思想を易しく解説し、美しい言葉と巧みな比喩によって「心とは何か」を考察する「迦葉品」。
204268-1

S-18-10
大乗仏典10 三昧王経Ⅰ
田村智淳訳
本経は、最高の境地である「空」以上に現実世界での行為に多くの関心をよせる。格調高い詩句と比喩を駆使して、哲学よりも実践を力説する物語前半部。
204308-4

S-18-11
大乗仏典11 三昧王経Ⅱ
田村智淳
一郷正道訳
真理は、修行によってのみ体験しうる沈黙の世界である。まさに「三昧の王」の名にふさわしく、釈尊のことばよりも実践を強調してやまない物語後半部。
204320-6

S-18-12
大乗仏典12 如来蔵系経典
髙崎直道訳
衆生はすべて如来の胎児なりと宣言した如来蔵経、大乗仏教の在家主義を示す勝鬘経など実践の主体である心を考察する深遠な如来思想を解き明かす五経典。
204358-9

S-18-13
大乗仏典13 ブッダ・チャリタ（仏陀の生涯）
原実訳
世の無常を悟った王子シッダルタを出家させまいと誘惑する女性の大胆かつ繊細な描写を交え、人間仏陀の生涯を佳麗に描きあげた仏伝中白眉の詩文学。
204410-4

S-18-14
大乗仏典14 龍樹論集
梶山雄一
瓜生津隆真訳
人類の生んだ最高の哲学者の一人龍樹は、言葉と思惟を離れ、有と無の区別を超えた真実、「空」の世界へ帰ることを論じた。主著『中論』以外の八篇を収録。
204437-1

S-18-15
大乗仏典15 世親論集
長尾雅人
梶山雄一
荒牧典俊訳
現象世界は心の表層に過ぎない。それゆえ、あらゆるものは空であるが、なおそこに「余れるもの」が基体としてあると説く世親の唯識論四篇を収める。
204480-7

各書目の下段の数字はISBNコードです。978－4－12が省略してあります。

な-14-4　仏教の源流――インド　長尾雅人
ブッダの事蹟や教説などを辿るとともに、ブッダの根本教理である縁起の思想から空の哲学を経て、菩薩道の思想の確立へと至る大成過程をあとづける。
203867-7

ひ-19-4　はじめての仏教　その成立と発展　ひろさちや
釈尊の教えから始まり、中央アジア、中国、日本へと伝播しながら、大きく変化を遂げた仏教の歴史と思想を豊富な図版によりわかりやすく分析解説する。
203866-0

や-71-1　臨済録　柳田聖山訳
仏に逢うては仏を殺し祖に逢うては祖を殺せ。権威や既成概念に縛られず自由を得よ。動乱の唐末、人間を肯定した臨済義玄の熱喝が千年の時空を超えて問う。
206783-7

み-10-20　沢庵　水上勉
江戸初期臨済宗の傑僧、沢庵。『東海和尚紀年録』などの資料を克明にたどりつつ、権力と仏法のはざまで生きた七十三年を描く。〈解説〉祖田浩一
202793-0

み-10-21　一休　水上勉
権力に抗し、教団を捨て、地獄の地平で痛憤の詩をうたい、盲目の森女との愛に惑溺した伝説の人一休の生涯を追跡する。谷崎賞受賞。〈解説〉中野孝次
202853-1

み-10-22　良寛　水上勉
寺僧の堕落を痛罵し破庵に独り乞食の生涯を果てた大愚良寛。真の宗教家の実像をすさまじい気魄で描き尽くした、水上文学の真髄。〈解説〉篠田一士
202890-6

み-10-23　禅とは何か　それは達磨から始まった　水上勉
栄西、道元、大燈、関山、一休、正三、沢庵、桃水、白隠、盤珪、良寛の生涯と思想。達磨に始まり日本で独自に発展した歴史を総覧できる名著を初文庫化。
206675-5

ま-9-5　理趣経　松長有慶
セックスの本質である生命力を人類への奉仕に振り向け、無我の境地に立てば、欲望は浄化され清浄となる。明快な真言密教入門の書。〈解説〉平川　彰
204074-8